Matthias Oesterreich

Beschreibung des Cabinets von Gemählden verschiedener berühmten Mahler

des Herrn Johann Gottlieb Stein

Matthias Oesterreich

Beschreibung des Cabinets von Gemählden verschiedener berühmten Mahler
des Herrn Johann Gottlieb Stein

ISBN/EAN: 9783744620840

Hergestellt in Europa, USA, Kanada, Australien, Japan

Cover: Foto ©Thomas Meinert / pixelio.de

Weitere Bücher finden Sie auf **www.hansebooks.com**

Beschreibung
des
Cabinets von Gemåhlden
verschiedener berühmten Mahler,
des
Herrn
Johann Gottlieb Stein.

Berlin,
gedruckt bey Friedrich Wilhelm Bienstiel, Königl. privileg. Buchdrucker. 1763.

An die Liebhaber der Mahlerey.

Ich würde vielleicht eher Bedenken getragen haben, dieses kleine Werk, das eine Beschreibung einer sehr guten Sammlung von Gemählden in sich faßt, dem Drucke zu übergeben; wenn mir nicht der gütige Beyfall, mit dem man meine zwo verfertigte Beschreibungen aufgenommen hat, ein überwiegender Bewegungsgrund darzu wäre. Man wird in dieser dritten, nicht allein von den bekannten Meistern, Stüke antreffen, die der Betrachtung des Künstlers und Liebhabers würdig sind; sondern da ich auch darinn, von einigen bisher unbekannt gewesenen Mahlern, Anzeige gethan habe, die in der That Ruhm und Achtung verdienen: so hoffe ich meinen Lesern nicht dadurch zu misfallen; wenn ich Ihnen die Nahmen und Charaktere derselben etwas näher bezeichnet habe.

Holland ist eigentlich der Ort, wo man am besten Gelegenheit hat, die verschiedenen Werke der alten und neuen Künstler in der Mahlerey,
von

von denen man hier in Deutschland und auch in Italien, wenig oder gar nichts weiß, recht genau zu prüfen und kennen zu lernen: und diese Kenntniß, hat sie gleich große Schwierigkeiten, ist schon daher vortheilhaft, weil oft Bilder für die Arbeit eines Meisters ausgegeben und verkauft werden, der keinesweges der Verfertiger davon ist.

Gerard Hoet und Philipp van Dyck, die ich im Haag Ao. 1750. von Person zu kennen, das Vergnügen gehabt habe, besaßen eine ziemlich genaue und richtige Einsicht und Erkenntniß, so wol von den neuern Meistern, als auch von den Schülern des Teniers, Wouwermann und Berchem, deren Werke die schönsten und berühmtesten Gallerien und Cabinetter in Europa zieren.

Unterdessen haben sie sich doch öfters, wie sie mir selber gestanden, geirret; und da sie Bilderhändler waren, gleichwol die Werke der Schüler, für die Arbeiten ihrer Meister genommen.

Man kann aus diesem einzigen Beyspiele schon hinlänglich überzeuget werden, daß es eine sehr schwere Sache sey, sogleich beym ersten Anblicke eines Gemähldes, den Verfertiger desselben zu erkennen: denn wer sich auch noch so sehr hiermit beschäftiget; und noch dazu viel Gelegenheit sich zu üben hat, wird doch jedesmahl noch Schwierigkeiten und Mängel in seiner Kunst bemerken, die er, sollte er auch noch so vielen Fleiß anwenden, doch nicht gänzlich vermeiden kann.

Die

Die Liebhaber der Mahlerey, sind daher dem van Gool und J. B. Decamps sehr großen Dank schuldig, daß sie von den berühmten Mahlern einige Nachricht gegeben haben. Der erstere hat hauptsächlich der Neueren erwehnet; aber eine ziemliche Anzahl derselben vergessen, die Gerard Hoet, in seinen Anmerkungen über die zwey Theile, kurz angeführet und genannt hat. Von den J. B. Decamps erwarten die Liebhaber nunmehro den vierten Theil, worinn ohnfehlbar der ganze Gool wird übersetzet seyn.

Mein ganzer Endzweck gehet ebenfalls darauf ab, den Liebhabern der Mahlerey, die verschiedenen Mahlerarten der Meister bekannt zu machen; und da mir Zeit und Gelegenheit verstattet

tet haben, von dem Leben einiger alten und neuen Mahler zugleich etwas zu melden: so habe ich mich desto eher dieser Arbeit unterzogen; je stärker ich hoffen kann, daß ich den Liebhabern dadurch gefällig seyn werde, Denen ich denn auch gegenwärtige Beschreibung zu widmen, die Ehre habe.

Berlin,
den 22ten May Ao. 1763.

Matthias Oesterreich.

No. 1.

No. 1.
Salvator Rosa.
Der heilige Sebastian.

Ganze Figur, auf Leinewand gemahlt, 3 Fuß 6 Zoll hoch, und 2 Fuß 10 Zoll breit.

Hätte Salvator Rosa die Stellung dieses Heiligen nicht nach der Natur gemahlet, wie würde er sonst wohl den Affect so lebhaft, so frey und so meisterhaft haben ausdrucken können! Es ist was vortrefliches, solche Seltenheiten der Kunst zu betrachten! Der Schmerz dieses heiligen Sebastians, den er bey seiner grausamen Todesart empfunden haben muß, die Furcht, daß noch mehrere Pfeile sein Lebens-

Ende mit harten Stichen aufhalten werden; und endlich die rührenden Bewegungen seines gebundenen Cörpers, dieses alles setzt den Seher in starken Gefühle und in der größesten Bewunderung. Zwar hat Rosa hier keinesweges sein erhabenes Genie und seine erworbene Kunstfertigkeiten, nach ihren ganzen Umfang genommen, gezeiget. Nein, hiezu war dieser Gegenstand zu arm und zu einförmig. Allein alles das, wodurch eine einzelne Figur schön und vortreflich ausgedrucket werden kann, das hat er auch in ihr geschickt und glücklich vereiniget. Will man ihn nach einem weiteren Umfange bewundern, so muß man entweder Landschaften, wozu er besonders eine große Neigung hatte, oder historische Vorstellungen, von seiner Hand gemahlt, sehen, die alle unschätzbar sind. In Rom, in der schönen und prächtigen Gallerie, Colonna, ist ein bewundernswürdiges Stück von diesem Meister, worauf er die Geschichte des Attilius Regulus abgebildet hat. Die Composition darinn ist ausnehmend schön. Die Figuren sind klein, und haben nicht völlig die Größe eines Fußes. Er hat dieses Gemählde selbst in Kupfer geätzet; und es auch hierinn zum Vorwurf der Bewunderung gemacht; denn er war in dieser Kunst ebenfalls ein großer Meister, welches er auch noch durch seine übrigen schätzbaren Kupferstiche, an den Tag geleget hat.

Man hat nur wenige Beyspiele gehabt, daß sich ein Mahler in der Kunst, und überhaupt in der Gelehrsamkeit so hervorgethan hat, wie Salvator Rosa. Er war der Sohn eines schlechten Baumeisters; und wurde in Neapolis Ao. 1615. geboren. Einer von seinen Anverwandten, mit Nahmen Francanzano, gab ihm den ersten Unterricht in der Mahlerey.

Anfänglich blieb er unbekannt; und um sich den Lebensunterhalt zu verschaffen, setzte er seine Gemählde auf die öffentlichen Plätze zum Verkauf. **Lanfranc**, ein zu der Zeit sehr berühmter Mahler in Neapolis, entdeckte aber gar bald in diesen flüchtig verfertigten Stücken, ein grosses und erhabenes Genie; daher kaufte er nicht allein viele davon an sich; sondern, um die Neigung dieses Salvator Rosa noch mehr zu unterstützen, bestellete er auch bey ihm verschiedene Arbeiten. Dieser Rosa begab sich nach einiger Zeit zum Ribera, einem damahligen sehr berühmten Mahler, unter dessen Aufsicht und Anweisung, er sich grosse Einsichten und Vortheile in der Mahlerey sammlete. Kurz nach dem Tode seines Vaters, da er beynahe zwanzig Jahr alt war, nahm ihn Ribera mit nach Rom; und hier hat er vier Jahre durch, sich unermüdet mit Zeichnen und Mahlen beschäftiget. Der Cardinal Brancacci, bey dem er eine Zeitlang in Diensten stand, führte ihn mit sich nach seinem Bischoffthum Viterbo: und an diesem Orte zierete er auch einige Kirchen mit seinen Gemählden. Das schönste darunter ist die Vorstellung von der Geschichte des ungläubigen Thomas. Sein Auffenthalt aber bey dem Cardinal in Viterbo, der sein Landsmann war, ist von keiner langen Dauer gewesen, weil er gar sehr gern in Rom lebte.

Sein Ruhm verbreitete sich unterdessen immer mehr und mehr. Der Prinz Carl de Medicis, der eben in Rom war, machte mit diesem Salvator Rosa Bekanntschaft; und führete ihn mit nach Florenz, wo er sich neun Jahre aufgehalten hat. Er brachte seine Zeit sehr nützlich und angenehm zu; und besaß die seltene Klugheit seine Arbeiten und Vergnügungen sehr gut einzutheilen: Wie er dis selbst in seiner dritten Satyre von sich saget,

get. (*) Außer der Mahlerey, beschäftigte er sich auch noch mit der Poesie und Musik. Die Gelehrten in Florenz bemüheten sich recht sehr nach seinem Umgange; und da sie ihn hatten, ward sein Haus eine öffentliche Academie. Er ließ auch zum Vergnügen Comedien spielen, in welchen er selbst eine Rolle hatte; und die einen so großen Beyfall fanden, daß viele angesehene und gelehrte Männer sie mit aufführen halfen. Alle Menschen unterhielten sich gern mit ihm: Denn er war in den Gesellschaften der angenehmste und lustigste Mann. Seine Scherze waren witzig und beleidigten nie die Tugend. In seinen Anmerkungen steckte viel Gesundes und Lehrreiches; und in allen seinen Reden Ueberlegung und Verstand; wodurch er sich über die Classe dererjenigen erhob, die durch ihr hirnloses Plaudern eine Gesellschaft eher ermüden, als munter machen; und dennoch glauben daß sie die Krone derselben sind; je stärker sie ihre Zunge in vernunftlosem Tone fortrollen lassen können. Salvator Rosa gab auch öfters große Gastmahle; und machte sich ein Vergnügen daraus, die Säle und großen Zimmer selbst zu verzieren. Zu dem Ende ließ er zuweilen aus allen seinen Stuben einen Saal machen, und ihn mit Erde oder Sand anfüllen, damit er und seine Gäste, wie in einem Walde speisen könnten. Bey allen diesen Ausschmückungen beobachtete er jederzeit die ausgesuchtesten Abwechselungen; wodurch er den Anwesenden neue Lust und neue Bewunderung schafte.

Für den Groß-Herzog von Florenz; desgleichen für seinen jungen Prinz, der ihm besonders viel Güte, ja so gar viel Freundschaft erwies, hat

---

(*) La flute all'ombra, e il pigro Verno a'fuso   Delle fatiche vile Scope, e mercede
Tril modisti dessi l'Uomo na vile,   E sodisfare al Genio, al Gusto, al Vero
Pinger per gloria, e Poetar per gioco.   Chi si sente Statto, vivrà lodato.
Satire di Salvator Rosa, Dedicate à Settano. Satira III. pag 54.

hat dieser Meister auch schöne Gemählde verfertiget. Ein ganzes Jahr lang nahm er auch seinen Auffenthalt in Volterre, bey der Familie, Maffei genannt, mit der er nach ihren Gütern reisete. Hier beschäftigte er sich ebenfalls mit Ausarbeitung einiger Bilder; verfertigte überdem noch seine Satiren; und wendete die übrige Zeit zum nützlichen Lesen an: Denn diese letztere Beschäftigung hatte für ihn mächtige Reize, so wie sie in unsern Tagen, fast von einem jedem, geliebt und hochgeschätzet wird. Man kann aber aus dem Verstande dieses Mannes sicher urtheilen, daß er in der Wahl dererjenigen Bücher, die er durchgelesen hat sehr behutsam gewesen, und dabey die größeste Aufmerksamkeit und Ueberlegung angewendet hat. Was Wunder! wenn er dann auch die großen Vortheile davon bey sich empfunden, die ein so kluges und weises Lesen gewähret. Mögten doch unsere heutige Leser und Leserinnen, diesem und andern dergleichen schönen Beyspielen folgen! Mögten sie doch nicht in der Anzahl der Blätter, sondern in dem bedachtsamen, regelmäßigen und nützlichen Lesen ihre Stärke setzen! Welch einen Vortheil würden sie alsdann selbst haben: Und sollten andere nicht auch zugleich dadurch etwas gewinnen?

Salvator Rosa hat in allen seinen Stücken was Großes und Erhabenes gezeiget. Seine Felsen, sein Baumschlag, seine alte Eichen und Weiden sind fast unnachahmlich schön. Auch in seinen Zeichnungen, wozu er mehrentheils alte römisch gekleidete Soldaten gewählet hat, herscht Kunst, Fleiß und Anmuth. Von seiner Art zu mahlen ist er selbst Schöpfer: Denn vor ihm hat keiner, mit so vieler Wahrheit und Geschicklichkeit, Landschaften zu verfertigen gewust. Fertig und geübt genung in seiner Kunst, konnte er ein mittelmäßiges Bild, zuweilen in einem Tage darstellen. Einsmahls besuchte er einen seiner guten Freunde, der ein historisches Stück angefangen hatte; und dem es sehr schwer fiel einen Hintergrund darinn zu mahlen. Salvator Rosa, ohne viele Worte zu machen, nimmt ihm sein Palet mit Farben aus der Hand; und setzt eine prächtige Landschaft zum Hintergrunde in seinem Stücke, worüber der Mahler in großer Verwunderung gesetzet wird.

Dieser Salvator Rosa, dem seine übrigen hohen Verdienste ein ehrwürdiges Ansehen gaben, besaß auch noch eine großmüthige Seele, die ihn vor den Fehler der Kargheit sicher bewahrete; und in ihm die Tugend der Freygebigkeit tief einprägete. In seinen letzten Jahren mahlte er daher mehr um der Ehre, als um des Gewinnstes; und zeigte überhaupt in seiner Denkungsart etwas Nachahmenswürdiges. Ein Edelmann von großem Range, bestellte bey ihm einmahl ein Gemählde, welches er zugleich bedung. Wie es fertig war, schien es ihm doch zu theuer. Indessen wollte er es doch auch gern haben; deshalb frug er nochmahl um den Preis, den er doch vorhero schon gewußt hatte. Salvator Rosa, der seine Absicht recht wohl verstand, forderte funfzig Ducaten mehr, als bedungen war. Der Käufer voll Schrecks und Bestürzung, sagte: Dis wäre ja noch mehr, als sie abgeredet hätten. Salvator Rosa antwortete: Daß er sich eines andern besonnen, und sein Stück solle nunmehro so viel kosten. Der gute Käufer ging mit einer betrübten Miene weg. Nach einigen Tagen kam er wieder; und frug abermahl nach den Preis. Rosa forderte noch funfzig Ducaten mehr. Dis nahm der Edelmann übel. Rosa aber, um ihn vielleicht

leicht zu beschämen, nahm ein Messer und zerschnitte das ganze Gemählde. Nunmehro, sagte er zum Edelmann, ist der Streit wegen des Preises gehoben.

Durch ein anderes Beyspiel kann man den Salvator Rosa, noch auf einer andern Seite kennen lernen, die ihn wenigstens nicht gefährlich, oder unedel vorstellt. Der Connetabel Colonna, wollte von ihm gern ein großes Gemählde haben. Rosa verfertigte ihm auch eins, mit sehr sorgfältigem Fleiße und geübtem glücklichen Pinsel. Als es fertig war, übergab er es dem Connetabel, und dieser bezeugete eine vollkommene Zufriedenheit darüber, so, daß er dem Meister, ohne sich bey ihm nach dem Preise zu erkundigen, einen Beutel mit Golde dafür überschickte. Rosa, ganz bestürzt über die unvermuthete ansehnliche Belohnung, die dem Werth dieses Bildes, nach seiner Meinung, sehr weit überstieg, setzt sich hin, mahlt noch ein schöneres Stück, und überschickt es dem Connetabel. Was geschicht! Der letztere macht dem Rosa noch ein größeres Geschenk, wie das vorhergehende gewesen: Und diese beyderseitige Beschenkung wurde von ihnen noch einigemahl fortgesetzt, so, daß der Connetabel schon an vier tausend Stück Ducaten, dem Rosa ausgezahlet hatte. Bey dem letzten Gemählde überschickte er ihm noch zween Beutel voll Ducaten; und ließ ihm sagen: Der Wettstreit würde ihm zu schwer; indem er sähe, daß es ihm nicht so viel Mühe koste Gemählde zu verfertigen, als er anwenden müßte, die Beutel mit Golde zu füllen.

Nachdem sich nun Rosa eine lange Zeit durch in Rom, bey gutem Wohlseyn und Vergnügen aufgehalten hatte: So eilte der Zeitpunkt heran,

der

der seinem rühmlich verbrauchten Leben ein Ziel setzen sollte. Die tödtende Wassersucht nahm ihn nemlich, Ao. 1673. im 58sten Jahre seines Alters, von dieser Zeitlichkeit hinweg. Sein Leichnam wurde nach das Cartheuser=Kloster in Rom, la Madonna delli Angeli alle Termi Diocletiano, gebracht; und zu seinem unvergänglichen Ruhme, errichtete man ihm ein prächtiges Grabmahl, in weissen Marmor gehauen und mit seinem Brustbilde gezieret. Es ist gerade gegen des Carlo Maratt seinem über. Salvator Rosa hat selbst mit eigener Hand vier und achzig Blätter in Kupfer verfertiget, die Kenner und Liebhaber zu schätzen wissen; und verschiedene andere Künstler haben nach seinen Gemählden und Handzeichnungen, hundert und funfzig Blätter gestochen.

Von den Lebensumständen dieses vortreflichen Künstlers haben fast alle Schriftsteller, die von der Mahlerey gehandelt, einige Nachrichten gegeben; und sie suchen auch alle durch ihre Lobeserhebungen, ihn zu verewigen. Ich will nur die vornehmsten davon anführen: Domenici hat sehr ausführlich von ihm geschrieben (*); desgleichen auch Johann Batista Paßari (**), in des Baglione Lebensbeschreibung berühmter Mahler. ꝛc. Pascoli macht auch einige schöne Anmerkungen über das Leben dieses Salvator Ro=

(*) Vite de Pittori, Scultori ed Architetti Napolitani. Scritte da Bernardo de Domenici, Napoletano. in Napoli, 1742. Tom. III. in 4to, pag. 219. -- 256.

(**) Le Vite de Pittori, Scultori, Architetti ed Intagliatori. Scritte da Gio. Baglione, Romano, con la Vita di Salvator Rosa Napoletano, Pittore e Poeta. Stritta da Gio. Batiste Paßari. in Napoli, 1733. in 4to. pag. 249.

Rosa (*); und Sandrart und Dargenville gedenken seiner ebenfalls, sowol in ihren größeren Werken (**), als auch in den bekannten Briefen über die Mahlerey (***).

No. 2.
Peter Franz Mola.
Johannes in der Wüsten.

Ganze Figur, auf Leinewand gemahlt, 1 Fuß 5 Zoll hoch, und 1 Fuß 3 Zoll breit.

Die Figur, die hier den Johannes sitzend vorstellet, ist recht schön gezeichnet; aber das Colorit und fast das ganze Bild hat ein wenig gelitten, welches man bey den italienischen Gemählden insgemein findet; da die Mahler entweder schlecht gegründete Tücher genommen, oder auf gar zu frischen Gründungen gemahlet haben.

Mola

(*) *Vite de Pittori, Scultori ed Architetti moderni, Scritte e dedicate alla Maestà di Vittorio Amadeo, Re di Sardegna, da Lione Pascoli, in Roma, 1730. Tom. II. in 4to è Tom. I. pag. 63.--87.*

(**) 1. Joachim von Sandrart. Zweiter Theil, zweites Buch, Seite 103.

    2. Abregé de la Vie des plus Fameux Peintres, par Mr. D'argenville. Tom. I. pag. 350.

(***) *Raccolta di Lettere Sulla Pittura, Scultura ed Architettura, Scritte da piu celebri personaggi, che in dette arti fiorirono dal Seculo XV. al XVII. in Roma. Tom. III. in 4to.* Zweiter Theil von 1757. Dritter Theil von 1759. Tom. 2. pag. 314. 315. und 317.

Mola ist sonst in seiner Art zu mahlen berühmt; denn sie ist sehr reitzend und angenehm. In der Zeichnung hat er sich besonders als ein geschickter Künstler gezeiget, und seine Werke sind auch sehr hoch geschätzet worden. Er ist im Mailändischen im Kirchsprengel von Cano, und zwar in Coldre Ao. 1621. geboren. Sein Lehrer ist der Chevallier Josepin gewesen, welcher ihn auch, unter der Regierung des Pabstes Urban des VIII. nach Rom gebracht hat. Dieser war mit seinem Schüler überaus wohl zufrieden; weil er in ihn nicht allein ein großes und erhabenes Genie zur Mahlerey fand; sondern auch ein edles Herz, das in der Ausübung guter Sitten eine Ehre und ein Vergnügen suchte, welches man bey den mehresten Künstlern vermisset. Er wollte ihm daher auch seine Tochter zur Ehe geben, allein Mola konnte sich zu keiner Heirath entschließen. Nach einigen Auffenthalt in Rom reisete dieser junge Meister nach Venedig, arbeitete dort unermüdet nach den schönen Werken des **Titien, Paul Veronese** und **Tintorett**; und verfertigte verschiedene Gemählde, die in den dortigen Klöstern und Kirchen aufbehalten wurden. Sein Ruhm verbreitete sich immer mehr und mehr, und mit diesem wuchs zugleich sein Glück, dessen er in seinen besten Jahren theilhaftig wurde. Er sahe sich von vielen und großen Herren geschätzt, genoß von ihnen mannigfaltige Ehrenbezeugungen; und empfing für seine kunstreiche Werke ansehnliche Belohnungen. Er starb endlich in Rom Ao. 1666. Dargenville erzählt einige seiner Lebensumstände (*); und im Abecedario Pittorico wird seiner auch gedacht

---

(*) Abregé de la Vie des plus Fameux Peintres, par Mr. Dargenville. Tom. I. pag. 315.

dacht (**). Die schönsten Werke aber von ihm hat Titi beschrieben (***).

No. 3. und No. 4.
Peter Lucatelli.
Zwo Landschaften.
Auf Leinewand gemahlt, 1 Fuß 11 Zoll hoch, und 3 Fuß 10 Zoll breit.

Die Gegend auf der ersten Landschaft ist ausnehmend schön. Man entdecket auch noch einen Fluß, auf dessen einen Seite ein Fischer-Kahn stehet. Am Ufer sind vier Männer, die gefischet haben; und auf der anderen Seite des Flusses kommt ein Wagen mit zween Ochsen bespannet.

Das Merkwürdigste in der andern Landschaft ist ein schöner Brunnen; und eine Frau die auf ein Maulthier reitet, neben welchem ein beladener Esel gehet. Beide Stücke sind im Oval. Die Zeichnung und Haltung

darinn

(**) *Abcedario Pittorico dell M. R. P. Pellegrino, Antonio Orlandi, Bolognese, Accresciuto da Pietro Guarienti, in Venezia, 1753. in 4to, pag. 425.*

Dieses ist ein ganz anderer P. A. Mola, als den Dargestellte beschreibt, und der obgedachte im Abcedario Johann Francesco Mola muß genennet seyn.

(***) *Ammaestramento Utile è Curioso, di Pittura, Scultura ed Architettura, nelle chiese di Roma, dell Abbate Filippo Titi. Roma, 1686. in 8vo, pag. 154. 156. 158. 249. 273. und 339.*

darinn sind vortreflich; besonders sind die Figuren meisterlich gezeichnet. Das Colorit ist klar und angenehm, und der Baumschlag frey und voll Kunst.

Lucatelli ist ein Römer von Geburt, und ein Schüler des **Peter Berettino**, da Cortona; von dessen angenehmen Colorite er auch vieles beibehalten hat. In der berühmten und schönen Gallerie der Familie Contestabile Colonna in Rom, sind von ihm verschiedene kostbare Landschaften, die des **Poußin** und des **Clode Lorain** Arbeiten warlich nichts nachgeben. Er hat auch einige historische Stücke verfertiget, die man in den Kirchen zu Rom sehen kann; allein da er zu Landschaften das gröste Genie besaß, so sind freilich seine übrigen Werke nicht von einem so hohen innerem Wehrte. Seine Verdienste erheben ihn übrigens mit allem Rechte unter der Anzahl großer und vortreflicher Mahler, ob ihm gleich nicht das Glück die äußeren Früchte derselben schmecken ließ; denn er starb im Jahr 1741. in der größesten Armuth. Die Künstler haben unterdessen seine Gemählde sehr hoch geschätzet, und die Liebhaber bezahlen sie mit großen Summen. Ihro Majestät der König von Polen, haben in Dero Gallerie in Dresden sieben Landschaften mit Figuren von diesem Meister. Im Abecedario Pittorico, und in des **Remy** seinem Catalogue findet man von ihm einige Nachricht (*).

No. 5.

(*) 1. *Abecedario Pittorico, Ristampato da Pietro Guarienti*. Pag. 427.

2. *Catalogue Raisonné de Tableaux, par Pierre Remy.* à Paris, 1757. in 8vo, pag. 10. No. 6. ist die Beschreibung von einer Landschaft mit Figuren. Dieses ist das allerschönste Stück, das ich jehler vom Lucatelli gesehen habe; und es war ehedem in der Sammlung des Herrn von Brancke in Dresden. Die Figuren in dieser Landschaft sind so schön gezeichnet, als wären sie von Nicolaus Poußin.

No. 5.
Nicolas Berettoni.

Die Ruhe auf der Flucht nach Egypten. (*)

Ganze Figuren, auf Leinewand gemahlt, 1 Fuß 6 Zoll hoch, und 1 Zoll breit.

Maria sitzt und hat das Kind Jesus auf dem Schooße, welchem ein Engel einen Korb mit Blumen reichet; und Joseph stehet in einiger Entfernung. Der Hintergrund in diesem Gemählde ist eine Landschaft. Zeichnung, Colorit und Haltung sind schön darinn. Die Werke des Berettoni sind selten zu haben, und werden von Kennern und Liebhabern sehr verehret. Dieses Stück, dessen Remy gedenket (**), hat ehedem das Cabinet des Herrn von Heinecken in Dreßden gezieret.

Berettoni ist Ao. 1637. in Macerata geboren. Seine ersten Gemählde sind völlig in dem Geschmacke des Guido Reni gemahlet. Er hat sich hernach in die Schule des berühmten Carl Maratt begeben, in welcher er, in Absicht auf die Kürze der Zeit, fast unbegreifliche Einsichten und Fertigkeiten im Mahlen erreichte, so, daß sein Meister, weil er befürchtete Berettoni mögte ihm übertreffen, welches auch, wenn er nicht gestorben wäre, ohnfehlbar geschehen seyn würde, sehr eifersüchtig auf ihn ward. Er wandte daher alle Mühe an seinen großen Schüler auf allerley Art zu unterdrücken; und da er ihm einige Arbeiten gegeben hatte, so nahm er sie ihm nun wieder weg, und gab sie einem andern. Ein spiegelndes Beyspiel

---

(*) Evangelium Matthäi. Cap. 2. Vers 14. rc.
(**) Catalogue Raisonné de Tableaux, par Pierre Remy. Pag. 9. No. 5.

für diejenigen, die groß durch ihre Talente, Einsichten und Geschicklichkeiten, aber oft klein und niedrig und kriechend sind, wenn es darauf ankommt das Wohl ihrer Mitbürger zu befördern. So wie die ersteren Verdienste den Ruhm eines Mannes erleuchten: So verdunklen die letzteren ihn, in den Augen aller Rechtschaffenen. Carl Maratt besaß in seiner Kunst schimmernde Vorzüge, die ihn groß und erhaben machten, und wovon er tadellose Proben gegeben. Aber wird man nun auch wohl seinem moralischen Charakter solche Lobsprüche beylegen können, da er mit lieblosen Herzen den Umsturz und den Fall eines Unschuldigen wünschte, und so gar zu befördern trachtete? Ihm ward sein Verlangen auch erfüllt, aber vielleicht zu seiner Unruhe: Denn Berettoni empfand über die Tücke und Falschheit seines Meisters, den er lieb und hochgeschätzet hatte, einen so nagenden und beißenden Verdruß, daß er Ao. 1677. im vierzigsten Jahre seines Alters starb. Welch ein abscheulicher Zug in dem Character des Maratts!

In Rom siehet man in verschiedenen Kirchen vom **Berettoni** Altarblätter, die er bewundernswürdig schön gemahlet hat. **Guarienti** und **Dargenville** melden auch einige Umstände von ihm (*). Seine Verdienste in der Mahlerey sind, ohne alle Schmeicheley, vortreflich und ruhmswürdig. Sie setzen ihn mit Rechte unter die Anzahl großer Meister, und Kenner derselben werden sein Andenken auch immer zu verewigen suchen.

No. 6.

(*) 1. *Abecedario Pittorico, dell M. R. P. Orlandi. Ristampato da Pietro Guarienti.* Pag. 387.
  2. *Abrégé de la Vie des plus fameux Peintres, par Mr. D'argenville.* Première Partie. Pag. 69.

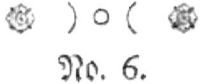

No. 6.
Sebastian Ricci.
Ein Opfer an der Bildsäule des Pan.
Ganze Figuren, auf Leinewand gemahlt, 1 Fuß 9 Zoll hoch, und 2 Fuß 2 Zoll breit.

Ricci hat in diesem Bilde das Reizende des Paul Veronese nachzuahmen gesucht, worinn er in vielen seinen Werken sehr glücklich gewesen ist. Die Composition dieses Gemähldes ist schön, lebhaftig, geistvoll und mit einer ausnehmenden Fertigkeit gezeichnet. In der Haltung herrscht auch viel Anmuth. Pierre Remi hat dieses Bild schon beschrieben (*); da es ehedem die Zierde einer andern schönen Sammlung war. Die Arbeiten dieses Meisters werden überhaupt sehr gesucht und hochgeschätzt.

Er ist Ao. 1660. in der Stadt Bellune geboren. Sein Vater Marco Ricci war ein sehr großer Landschafter; besonders wußte er sehr gut mit Wasserfarben auf Leder zu mahlen, umzugehen. Man hat sehr viele in Kupfer gestochene Landschaften von diesem Künstler, die, so wie seine übrigen Werke, zu der Zeit, einen großen und allgemeinen Beyfall fanden. Sebastian Ricci sein Sohn, hatte ein vortrefliches und erhabenes Genie zur Mahlerey. Er hat sich vornemlich durch eine fleißige Nachahmung der Werke verschiedener berühmten Meister gebildet. In London hat man sehr viele Gemählde von ihm; desgleichen in Venedig in verschiedenen Kirchen,

---

(*) Catalogue Raisonné de Tableaux, par Pierre Remy. Pag. 20. No. 20. und Pag. 21. ist auch einige Nachricht von seinem Leben.

chen (*); und in Paris beym Herrn Couvai, Ritter des Ordens des Königes von Portugall, findet man eins vom Ricci, welches alle die, die nicht sehr große Kenner sind, für ein Gemählde vom Paul Veronese angesehen haben. Ricci verstand gründlich die Haltung in den Farben, diß hat er in seinen Werken unläugbar gezeiget. Seine Compositionen sind reizend und angenehm. Er war auch ein Mitglied der königlichen Academie in Paris. Dargenville beschreibt sein Leben am ausführlichsten (**). Er ist in Venedig Ao. 1734. gestorben und hat ein ansehnliches Vermögen hinterlassen. Sein Umgang war sehr angenehm, da er mit Verstand und Lebensart, die sonst gemeiniglich den geschicktesten Künstlern fehlet, sich immer munter und lustig bezeigte. Die damahligen Künstler lebten überhaupt in vernünftiger und freundschaftlichen Einigkeit. Antonio Pellegrino, Balestra, die berühmte Madame Rosalba und mehrere kamen immer zusammen, und arbeiteten gleichsam mit einander. Solche Vertraulichkeit zeugte auch in der That die edelsten Früchte, und schafte Ehre und Ruhm, deren Ricci vornemlich genoß. Man verlangte seine Werke nach Portugall, Spanien, Frankreich und Engelland; und es sind auch auf hundert und sechs und funfzig Blätter nach seinen Gemählden in Kupfer gestochen.

No. 7.

(*) Boschini beschreibt diese letzteren und giebt auch einige Nachricht von ihm: *Descrizione di tutte Publiche Pitture della Città di Venezia, di Marco Boschini, offerta all' Giosuo Signore Antonio Maria Conte Zanetti, quondam Girolamo.* Pag. 59.

(**) Abrégé de la Vie des plus Fameux Peintres. Premiére Partie. Pag. 202.

No. 7.
Michael Rocco, sonst auch Parmeggianino der Jüngere
genannt.
Eine Nymphe und ein Satyr.

Ganze Figuren, auf Leinewand gemahlt, 1 Fuß hoch, und 1 Fuß 5 Zoll breit.

Die Nymphe ist eine liegende und schön gestreckte Figur. Neben ihr steht ein Satyr der auf die Flöte spielet, und hinter ihr noch ein Mädchen; desgleichen drey Kinder, die eine Girlande von Blumen binden wollen. Das Colorit in diesem Bilde ist sanft und schön, die Zeichnung edel, besonders was die nackende Nymphe anbetrift, und die Haltung meisterlich beobachtet. Da dieses Gemählde ehedem die schöne Sammlung zieret, wovon Pierre Remy den Verkauf=Catalogus verfertiget hat; so erwehnet er desselben auch darinn (*). Die Werke des Michael Rocco sind nicht allgemein. Frankreich hat die mehresten von ihm.

Er ist in Parma geboren, daher man ihm auch den Nahmen Parmeggianino beygeleget hat. Wann ehe dis aber geschehen, kann man nicht mit hinlänglicher Zuverläßigkeit sagen; da er es selber nicht gewußt. Ao. 1751. habe ich ihn in Venedig alt und abgelebt gesehen; auch mit

---
(*) Catalogue Raisonné de Tableaux, par Pierre Remy. Pag. 13. No. 10.

C

mit ihm gesprochen, und damahls etwa für einen achzigjährigen Greis gehalten. Er hatte schon einige Jahre zu mahlen aufgehöret; da sein Geist, sein Gesicht und seine Hand ihm ihre Dienste versagten. Mehrere Nachrichten sind von diesem Meister nicht bekannt.

No. 8.

Johann Babtiste Tiepolo.

Die Göttinn Flora.

Ganze Figuren, auf Leinewand gemahlt, 2 Fuß 3 Zoll hoch, und 3 Fuß breit.

Sie sitzt auf einem Wagen, der von Kindern in einem angenehmen Garten gezogen wird. Die Composition dieses Bildes ist überhaupt reich und voll Anmuth; das Colorit klar und voll einnehmenden Reitzes, und in der Mahlerey selbst steckt eine meisterliche Fertigkeit. Tiepolo hat dieses schöne Cabinet-Stück Ao. 1745. für den Grafen Algarotti verfertiget, damit dieser es an Ihro Maj. dem König von Pohlen zeigen könne, welches auch geschehen ist. Dieser Graf hatte es auf sich genommen für des Königes Gallerie, von den damahls in Venedig berühmten Meistern: Als vom Piazetta, Pittoni, Amiconi, Nazari, Nogari und Zuccarelli einige

nige Stücke mahlen zu lassen; wobey er einem jeden Künstler die Materie oder den Vorwurf seiner Vorstellung bestimmte, und ihn mit gutem Rath und mit der schönen Einsicht, die er in der Mahlerey hatte, großmüthig unterstützte, welche Handlung ihm in den Augen aller Liebhaber der Ausbreitung und Beförderung schöner Künste und Wissenschaften, Ehre und Ruhm machen wird. Der Herr von Heinecke ist nachher der Besitzer von diesem Bilde geworden; und Remy gedenket desselben schon in seinem bekannten Catalogus (*). Wärend meiner Anwesenheit in Venedig, da ich eben das Zeichnen bey diesem Tiepolo erlernte, hatte er die Ehre noch zwey Gemählde für Ihro Majestät den König von Pohlen, zu verfertigen.

Sein Geburtsort ist Venedig. Ich habe niemals, ob ich mich gleich eine geraume Zeit in dieses Meisters Hause aufgehalten, erfahren können, in welchem Jahre er eigentlich geboren ist. Sein Lehrmeister ist Gregorius Lazarini gewesen, von dessen Geschmacke er aber wenig oder gar nichts beibehalten hat; weil sein lebhaftes Genie sich nach dem großen Paul Veronese zu bilden fähig war. In großen Compositionen und Kirchenstücken; desgleichen in der Kunst auf nassen Kalk, oder wie man gemeiniglich zu reden pflegt al Fresco zu mahlen, hat er wahrhaftig in der ganzen Welt nicht seines gleichen; da er hier dem Colorite ein Feuer und einen Glanz zu schaffen weiß, die außerordentlich sind. Schatten und Licht sind in allen seinen Gemählden bewundernswürdig verteilet, besonders aber

---

(*) Catalogue Raisonné, par Pierre Remy. Pag. 24. No. 25.

in Deckenstücken, wo viele Verkürzungen vorkommen. Man hat in Venedig in verschiedenen Kirchen, von dieser seiner Geschicklichkeit, worinn ihm auch bis jetzt fast keiner übertroffen, unläugbare Beweise; wodurch er seinen Ruhm bey der Nachwelt dauerhaft gemacht hat. Auch siehet man in Italien mit dieses Meisters Werken viele Cabinetter gezieret; und da sich der gute Ruf von ihm immer weiter ausgebreitet: So findet man auch in Würzburg viele große und schöne Stücke, die er dort verfertiget hat.

Ich könnte hier noch viel von den Verdiensten dieses Mannes, die er in der Mahlerey hat, reden; wenn ich mir schmeicheln könnte sie durch meine ungeübte Schilderungen den Wehrt beyzulegen, dessen sie würdig sind; und wenn mir seine Bescheidenheit die Erlaubniß dazu gäbe. Er ist übrigens ein unermüdeter Arbeiter, der seinen Posten willig und munter verwaltet, ein aufgeweckter Kopf, der durch seine gefällige Lebensart seinen Umgang mit anderen angenehm zu machen weiß; daher ihn auch alle hohe Standespersonen hochschätzen, und die Künstler die ihn kennen, sich zu ihrem Freunde wünschen. Er hat sechs und funfzig Blätter in dem Geschmacke des *Benedetto Castiglione* und *Salvator Rosa*, in Kupfer geätzet. Sein Sohn Domenico wird dereinst ein würdiger Nachfolger seines Vaters werden; da er zur Mahlerey ein schönes Genie und eine große Neigung hat. Ao. 1745. als ich mich eben in Venedig aufhielt, mahlte er schon mit gutem Erfolge. *Johann Babtiste Tiepolo* wird nunmehro wohl bey nahe sechzig Jahre alt seyn. *Guarienti* und *Boschini* erwehnen seiner (*). Eins seiner allerschönsten Gemählde prangt in dem Pallaste der Familie Cormar, auf dem großen Canale. Es stellt des Pharao Tochter vor, als sie den Moses findet. Mit nicht geringerer Kunst hat er der Gräfinn Labia großen Saal, neben der Kirche des heiligen Jeremias, auf nassen Kalk bemahlt. Hier entdecket man Schönheiten, die das Auge mit reichem Maaße sättigen, aber es sind auch Schönheiten die man sehen muß, wenn man das fühlen will, was man zu fühlen wünscht.

No. 9.

M. Zigmarolli.

Circe.

Halbe Figur, Lebensgröße, auf Leinewand gemahlt, 2 Fuß 6 Zoll hoch, und 2 Fuß breit.

Sie legt die rechte Hand auf ein Buch, das nur halb aufgeschlagen ist, und in der linken hält sie den Zauberstab. Die Austeilung des Lichts und

(*) 1. *Abecedario Pittorico*, dell' M. R. P. *Orlandi*. Ristampato da Pietro Guarienti. Pag. 282.
2. *Descrizione di tutte le publiche Pitture di Venezia*, di Marco Boschini. Pag. 62.

und Schattens ist voll Kunst angebracht, das Colorit frey und die Zeichnung in dem Geschmacke des Coreggio, nach dessen Gemählden, besonders nach denen die in Parma in einer Kirche sich befinden, Zigmarolli einige Jahre gearbeitet hat. Dieses Stück ist das erste, welches nach Deutschland gekommen ist und wodurch er bekannt worden. Der Graf Accoromboni ließ es verfertigen, brachte es nach Dreßden und zeigte es Ihro Majestät. Hernach bekam es der Herr von Heinecke. Remy beschreibt es in seinen Catalogus (*). Zigmarolli hat auch noch ein Gemählde für den Herrn von Heinecke verfertiget, wovon Remy ebenfalls eine Beschreibung giebt (**). Es stellt eine Leda vor und ist überhaupt von mehrerer Erheblichkeit, als das oben beschriebene. Der Meister schmeichelte sich auch wegen des Beyfalls, womit man dieses Bild beehrte, ein Altarblatt für die königliche Hofkapelle mahlen zu können; allein der Neid anderer Künstler stürzte seine Hofnung, und vielleicht hat er der Nachwelt ein großes Meisterstück entrissen.

Zigmarolli der noch vor einigen Jahren gelebet hat, und ohne Zweifel noch leben wird, ist einer der berühmtesten Mahler unserer Zeit. Das Jahr seiner Geburt kann ich mit keiner völligen Gewißheit melden. Bologna

---

(*) 1. Catalogué Raisonné de Tableaux, par Pierre Remy. Pag. 19. No. 18.

(**) 2. Pag. 19. No. 17. Leda. Es ist eine ganz nackte, lebensgroße, auf Leinewand gemahlt, 4 Fuß 5 Zoll hoch, und 3 Fuß 9 Zoll breit. Dieses schöne Gemählde besitzt der Herr Daniel Itzig in Berlin.

legna ist der Ort seiner Geburt; und in Verona hat er seinen gewöhnlichen Auffenthalt. Liebe und Achtung sind die Belonungen seiner Verdienste, die er mit vergnügter Zufriedenheit einzusammlen sucht.

No. 10.

No. 10.

Lucas von Leyden.

St. Pauli Reise nach Damascus. (*)

Ganze Figuren, auf Holz gemahlt, 1 Fuß 3 Zoll hoch, und 1 Fuß 1 Zoll breit.

Diese Geschichte hat Lucas von Leyden Ao. 1509. in Kupfer gestochen; denn hiermit hat er sich eher als mit dem Mahlen beschäftiget. Diejenigen die sein Leben beschrieben haben, **gedenken dieses Kupfers.** Ao. 1517. mahlte er hiernach dis gegenwärtige Stück.

(*) Der Apostel Geschichte 9tes Capitel.

Stück. Dergleichen Gemählde sind zu aller Zeit, sowol den Künstlern als den Liebhabern schätzbar gewesen; da sie, in dieser Art Mahlerey, ein unverwersliches Zeugniß von dem mühsam angewandten Fleiße und Ueberlegungs-Fertigkeit des Meisters, der Natur reitzend nachzuahmen, ablegen. In diesem Stücke sind viele schöne Köpfe, worinn der Affect unverbesserlich ausgedrucket ist. Das Frische der Farben verdienet Bewunderung; und ob sie gleich sehr bunt sind, so haben sie doch eine gewisse Haltung, die selbst durch das Alter der Zeit, denn dieses Gemählde ist vor zwey hundert und sechs und vierzig Jahren verfertiget, nicht den geringsten Schaden gelitten hat, welches diesem Stücke selbst schon eine Achtung verschaft.

Lucas von Leyden, der Ao. 1494. in Leyden geboren ist, kann als ein Wunder der Natur angesehen werden, wenn man die frühen Einsichten und Fähigkeiten erweget, durch welche er in seiner zartesten Jugend die Bewunderung der Welt ward. Kaum war er sechs Jahr alt, so gab er schon Proben von seinem Genie und seiner großen Neigung zur Mahlerey; indem er in Kupfer zu stechen anfing. Im neunten Jahre seines Alters machte er schon Compositionen; mahlte auch auf Glas mit Wasser und Oehlfarben; und als er funfzehn Jahr alt war, sahe man schon vortrefliche Kupfer von seiner Hand. Man kann schon aus diesem Beyspiele die ungegründete Meinung des Abts du Bos (*), nach welcher er allen holländischen Mahlern das Genie abspricht, und ihnen nur einen sclavischen Fleiß einräumet, wider=

(*) Reflexions critiques sur la Poesie & sur la Peinture, par Mr. L'abbé du Bos. à Paris, 1758. in 8vo, Sixiéme Edition. Tom. II. Pag. 71.

derlegen, ob man gleich noch wichtigere Gründe zur Bestreitung dieses Vorurtheils hat, die ich aber anzuführen Bedenken trage; da sie theils meiner Absicht zuwider laufen; theils von vernünftigen Leuten selbst eingesehen werden können.

Der Fleiß des *Lucas von Leyden* war so groß, daß seine Mutter aus Besorgniß, er möchte dadurch seiner Gesundheit einen nachtheiligen Schaden zufügen, alle Mühe anwendete ihn davon abzuhalten. Allein er arbeitete Tag und Nacht ununterbrochen fort, und die Natur und sein Genie waren seine Lehrer. Er ging auch mit keinem anderen um, als mit dem, bey welchem er eine heftige Neigung zur Mahlerey bemerkte.

Das Leben dieses arbeitsamen Meisters; desgleichen seine Kupferstiche und Gemählde haben die unten benannten Schriftsteller sehr ausführlich beschrieben, und ihm das Lob, welches er verdienet, beygeleget (*). Das beste Stück welches er gestochen hat ist die Pallas, woran er noch während seiner Krankheit in Bette gearbeitet hat: Denn man hat nachher unter seinem Kopfküssen die Platte gefunden. Zween Tage vor seinem Tode verlangte er noch, daß man ihn unter freyen Himmel tragen sollte, damit er ihn noch einmahl betrachten könne. Er starb Ao. 1533. in seinem acht und dreyßigsten Jahre. In Florenz in der schönen Sammlung von Bildnissen

---

(*) 1. Het *Schilder Boeck*, door *Carel van Mander.* T'Amsterdam, 1618. in 4to. Fol. 114.

2. Teutsche Academie, durch Joachim von Sandrart. Drittes Buch. Seite 238. 239. 240. 241.

3. Abrégé de la Vie des plus Fameux Peintres, par Mr. D'argenville. Seconde Partie. Pag. 47.

4. La Vie des Peintres Flamands, par Mr. J. B. Descamps. Tome Premiére. Pag. 42.

nissen vieler berühmter Mahler (*), die sich alle selbsten gemahlet haben, ist auch des Lucas von Leyden Bildniß. G. D. Campiglia hat es gezeichnet und P. A. Pazzi gestochen.

No. II.
Roland Savery.
Eine Landschaft.
Auf Holz gemahlt. 1 Fuß hoch, und 1 Fuß 4 Zoll breit.

Die Staffirung dieser Landschaft machen einige Vögel und verschiedenes Vieh, worunter ein Hirsch und ein Reh sehr kenntbar sind. Es ist dieses Stück eins der ersten, die Savery in dieser Art verfertiget hat; und ob er gleich damahls noch wenige Uebung in Jagdstücken erlanget hatte, denn den Anfang in der Mahlerey machte er mit Vorstellung der Vögel und einiger anderer Thiere: So findet man in diesem dennoch viel Gutes. Seine übrigen Werke werden indessen von Kennern und Liebhabern schöner Sammlungen, ausnehmend gesucht und hochgeschätzt.

(*) Serie di Ritratti degli eccellenti Pittori, dipinti di propria mano, che esistono nell' Imperial Galleria di Fiorenza, colle vite in Compendio di medesimi descritte da Francesco Moücke. Volume I. in Fiorenza. L'anno 1752. in groß Folio. No. XXI. Pag. 51. Es sind 55. Bildnisse in Kupfer gestochen. Das ganze Werk ist prächtig und sehr schön verzieret.

Rolant Savery ist Ao. 1576. in Kortryk, einer Stadt in Flandern, geboren. Sein Vater, der ihm die ersten Anfangsgründe beygebracht hat, ist nur ein schlechter Mahler gewesen. Rolant suchte anfänglich seinem Bruder, was Wasservögel, Fische und Thiere anbetraf, nachzuahmen; allein er merkte auch gar bald, daß sein Genie fruchtbar und gros genug sey, sich mit erhabenern Gegenständen zu beschäftigen; und daher suchte er sich in Landschaftenmahlen nach der Natur zu bilden. Er liebte vorzüglich die schönen und weitaussichtigen Gegenden, Gebürge, Thäler mit Wasserfällen und mit Fichten bewachsene Hügel. Als der Kaiser Rudolph eins seiner Gemählde gesehen hatte; so ward er dadurch für ihn so eingenommen, daß er ihn nicht allein zu sich nahm, und ihm eine Besoldung gab; sondern er ließ diesen Savery auch durch ganz Tyrol und Steuermark reisen, damit er die dasigen schönen Gegenden zeichnen sollte. Nach Verlauf zweyer Jahre kam Savery auch wieder zurück; da er seine Geschäfte sehr gut verrichtet; und eine große Anzahl Zeichnungen gesammlet hatte. Sie waren alle nach der Natur entworfen, weil er dieser schönen Führerinn überall folgete, was Wunder! wenn sie sich auch alle den Beyfall der Welt erwarben. In Prag hat er sehr viele Gemählde verfertiget, davon Aegidius Sadeler verschiedene gestochen hat. Nach dem Tode des Kaisers Rudolph, der des Savery Glück und Kunst sehr befördert hatte, wendete er sich wieder nach Utrecht, wo man von ihm viele große und kleine Stücke aufzeigen kann.

Sein Fleiß war gros, aber nicht übertrieben. Er schafte durch ihn der Welt Nutzen, ohne den Umgang mit ihr zu verachten. Er fand ein Vergnügen in seinen Beschäftigungen, bey welchen er eben deshalb eine große Munterkeit blicken ließ, ohne sich des Vergnügens in guten Gesellschaften zu seyn, zu berauben. Des Morgens arbeitete er unermüdet mit seinem Vetter Johann Savery; und des Nachmittags widmete er sich seinen Bekannten und guten Freunden. In ihren Zusammenkünften herrschte dann Lust und Vergnügen, ohne Schwärmerey, voll Unschuld und erlaubter Freyheit. So schön und edel durchlebte er den längsten Abschnitt seines Lebens, das sich Ao. 1639. in Utrecht in seinen 63sten Jahre endigte.

Savery hatte den Fleiß eines **Paul Peril** und eines **Breugel**. Seine Gedanken waren groß, seine Vertheilungen angenehm, und in der Haltung hat er viel Kunst gezeiget. In einigen seiner Bilder scheinet etwas Hartes, und in seinem Colorite etwas zu viel Blaues zu seyn. Die Figuren ins Kleine und die Thiere, hat er fleißig und sehr schön gezeichnet. In Holland sind seine Gemählde sehr kostbar, weil sie sich in keiner großen Anzahl finden. Ihro Majest. der König von Pohlen haben drey Gemählde von diesem Meister (*). Der Churfürst von der Pfalz hat auch zwey schöne

(*) 1. Die Arche Noa, wie verschiedene Thiere hinein gehen. Sehr schön auf Holz gemahlt Ao. 1615. 1 Fuß 10½ Zoll hoch, und 1 Fuß 6 Zoll breit.

2. Prospect von einem sehr alten Schloße, nebst dem Ueberbleibseln eines Thurms. Das Gebäude ist mit einem Graben umgeben, auf welchem Schwäne, Fischreyer und andere Arten von Vögel sehr schön vorgestellet sind. Auf Holz gemahlt Ao. 1608. 1 Fuß 1 Zoll hoch, und 1 Fuß 6 Zoll breit.

3. Eine wilde Schweinsjagd, wo eins von Hunden verfolget wird, welches der Jäger mit vielem Verlangen erwartet. Sehr schön auf Holz gemahlt Ao. 1620. 11 Zoll hoch, und 1 Fuß 1½ Zoll breit. Dieses schöne Stück hat ehedem dem Herrn von Hagedorn gehöret.

Stücke von ihm; und im Lustschlosse Schleusheim ohnweit München in Bayern, sind auch einige sehr schöne Werke von diesem Meister. Sandrart, Houbracken, Decamps und der Herr von Hagedorn haben sämmtlich von ihm einige Umstände gemeldet (*).

No. 12.
Johann Savery.
Eine Landschaft.

Auf Holz gemahlt, 6 Zoll hoch, und 8 Zoll breit.

Es ist diese Landschaft, die Savery mit einigen Ruderis verzieret hat, und deren Vordergrund mit Viehe besetzt ist, Ao. 1622. gemahlt. Der Meister hat sich auf seinen Bildern allezeit Hans Savery geschrieben. Dis machen sich die Bilderhändler, auf eine betrügerische Art, sehr zu Nutze; indem sie das H. wodurch er Hans ausdrücken wollen, auslöschen; und alsdann den unwissenden Liebhabern die Gemählde des Johann Savery,

---

(*) 1. Joachim von Sandrart. Zweyter Theil, drittes Buch. Seite 315.

2. *De Groote Schouburgh, der Nederlantsche Konst-Schilders*. Het I. Deel. Pag. 56.

3. *La Vie des Peintres Flamands*, par J. B. Decamps. Tom. I. Pag. 293.

4. Herrn von Hagedorns Betrachtungen über die Mahlerey. Zweytes Buch, dritte Abtheilung. Seite 176. und 177.

very, für des Rolant Savery seine Arbeit verkaufen. Allein ein Kenner wird gar leicht das Unterscheidungszeichen dieser beyden Meister bemerken: Denn Johann hat nicht so viel Fleiß und Schönheit, mit einer ungezwungenen meisterhaften Freyheit in seinen Gemählden ausgedruckt, als der vortrefliche Rolant. Man kann übrigens diesen Unterschied sehr gut, mit den Arbeiten der beyden Brüder Wouwermanns, des Philipp und Peter, vergleichen.

Von den Lebensumständen dieses Johann Savery hat man weiter nichts gewisses, als was Sandrart und Decamps davon melden (*). Er hat sehr lange Zeit mit seinem Vetter Rolant gearbeitet; und ist auch bis an seinem Ende mit ihm umgegangen.

No. 13.
Johann Breugel.
Eine Landschaft.

Auf Holz gemahlt, 2 Fuß hoch, und 2 Fuß 3 Zoll breit.

Diese Landschaft stellt sich in einer sehr weiten Aussicht dar. In der Mitte siehet man ein Schloß; und auf dem Vordergrunde sind verschiedene

Stau-

(*) 1. Sandrart. Zweyter Theil. Drittes Buch. Seite 305.
2. J. B. Decamps. Tom. I. Pag. 294.

Stauden, Kräuter und Blumen angebracht. Breugel hat dieses Stück noch in seinen ersten Jahren verfertiget, wovon mich das viele und überflüßige Blaue im Colorite, welches sich gar zu stark hervor thut, überzeuget hat. Er hatte sich damahls hauptsächlich auf Blumen und Kräutermahlen gelegt; und war folglich in den Vorstellungen anderer Gegenstände noch nicht geübt.

No. 14.
Eine Landschaft mit Figuren.

Auf Holz gemahlt, 1 Fuß 3 Zoll hoch, und 1 Fuß 10 Zoll breit.

Als Breugel dieses schöne Cabinetstück verfertiget hat, muß er in dem Zeitpuncte gelebet haben, in welchem seine Kunstfertigkeiten den Grad von Vollkommenheit erreichet hatten, den sie erreichen sollten: Denn hierinn finden sich alle die großen Vorzüge der Geschicklichkeit, die man diesem Meister insgemein in seiner Kunst beyleget. Die Vorstellung von diesem Gemählde ist eine Landschaft, mit einer kleinen Anhöhe, worauf ein Gericht zu sehen ist, und von welcher ein, mit dreyen Pferden bespannter und verdeckter Wagen fähret. Ein Frauenzimmer ist im Begrif auszusteigen. In dem einem Winkel des Bildes sitzen neben einem kleinen Bache zwo andere Frauenzimmer, die sich mit einem stehenden Bauer, der eine Hacke auf der Schulter hat, in einer Unterredung einlassen. Auf der Anhöhe hat

der

der Meister noch die ganze Fläche derselben ausgedruckt: Und von weiten siehet man zween andere Wagen kommen, die von der Sonne, die durch trübe Wolken scheinet, beleuchtet werden. Alles dieses macht einen bewundernswürdigen schönen Effect. Die Haltung ist in diesem Gemählde mit vielem Fleiße und großer Kunst beobachtet, wie man denn überhaupt ganz aufrichtig und von der Wahrheit der Sache selbst überzeugt, gestehen muß, daß dieses Stück würdig genug ist, das schönste und beste Cabinet zu zieren.

Die Werke des Breugels sind schwer zu bekommen und daher sehr kostbar; denn viele derselben sind durch Unachtsamkeit, oder aus Mangel der Liebe und richtigen Erkenntnisses dessen, was schön ist, verdorben; da ungeschickte und unwürdige Hände, sie durch ihr denkenloses und unverständiges Reinemachen verwaschen, und sie alsdann mit eben der Dumheit wieder übermahlet haben. Es ist wahrhaftig recht sehr zu beklagen, daß man dergleichen übel zugerichtete Stücke in großer Anzahl findet.

Arnold Houbracken, Weyermann, Decamps und Felibien haben von diesem Meister ausführliche Nachrichten hinterlassen (*). Der Herr von

---

(*) 1. *De Groote Schouburg der Nederlantsche Konst-Schilders, door Arnold Houbracken, in 's Gravenhage.* 1753. Drey Theile in 4to. Hat I. Deel. Pag. 15.

2. *De Levens-Beschryvingen der Nederlantsche Konst-Schilders, door Jacob Campo Weyermann, in 's Gravenhage.* 1729. in 4to. Drey Theile. Eerste Deel. Pag. 546.

3. J. B. Decamps. Tom. I. Pag. 376.

4. *Entretiens sur les Vies & sur les Ouvrages des plus excellens Peintres, anciens & modernes, par Mr. Felibien. à Paris.* 1685. in 4to. Quatrième Partie. Pag. 148. Edition in 4to. à Trevoux. 1725. Tom. III. Pag. 456.

34

von Hagedorn erwehnet seiner auch (*). Er ist in Brüssel Ao. 1589. geboren; und nach den Muthmaßungen bemeldeter Schriftsteller, Ao. 1642. gestorben.

No. 15.
Lucas van Uden.
Eine Landschaft.

In dieser Landschaft ist die Flucht der Maria und des Josephs, mit ihrem Kinde Jesus nach Egypten, vorgestellet (**). Rubens sein großes Genie hat sie mit gezieret. Es ist diese Gruppe eigentlich in Kupfer gestochen, doch nicht die Landschaft vom van Uden, in welcher dieser Meister freylich nicht seinen gewöhnlichen großen Fleiß gezeiget hat. Indessen sind das Colorit und die Haltung recht schön, und die Horizonte und Luft nicht so übertrieben blau, wie van Uden sie sonst insgemein mahlte. Er hat sich in diesem Bilde überhaupt nur vorzüglich dahin bemühet, daß die Figuren sich vortheilhaft zeigen sollten. Das Kind Jesus ist zwischen den beyden Aeltern.

(*) Betrachtungen über die Mahlerey. Leipzig, 1762. in 8vo. Erster Theil. Seite 373. 375. 377., und zweyter Theil. Seite 675.

(**) Evangelium Matthäi. Cap. 2. Vers 13. und 14.

tern. Drey Engel gehen voran und suchen für das Kind Blumen, wobey sie zugleich dem Joseph den Weg anweisen.

Lucas van Uden ist Ao. 1595. in Antwerpen geboren. Den ersten Unterricht in der Mahlerey erhielt er von seinem Vater, einem mittelmäßigen Meister, der aber doch bey der Königinn von Engelland die Stelle eines Hofmahlers bekleidete. Sein Sohn wuchs durch seinen unermüdeten Fleiß immer mehr an Einsichten und Fertigkeiten in seiner Kunst; und ohne aus seinem Vaterlande zu gehen, hat er sich theils nach der Natur, theils aber nach den Werken der berühmtesten und besten Meister gebildet. Er brachte es so weit, daß er allen andern Landschaftern gleich kam. Sein Baumschlag ist frey, frisch und so leicht, daß man fast das Spielen der Blätter, die ein sanfter Wind in Bewegung gesetzet hat, bemerket. Die Luft mahlte er heiter und klar, mit immer neuen Veränderungen in den Wolken. Seine Horizonte sind von einer großen Entfernung, und die Zeichnung seiner kleinen Figuren macht ihm in der That Ehre; wie er denn überhaupt des Nahmens eines großen Landschafters würdig ist.

Oft unterbrach er seine Ruhe, und war, ehe der Tag anbrach, schon im Felde und in den Wäldern, um das vortrefliche Schauspiel der Natur zu betrachten, und dann zeichnete und mahlte er auch sogleich voll warmer Empfindung die Gegenstände, die seine Seele am stärksten rührten. So klug und vernünftig haben alle große Landschafter gehandelt; da sie die Felder, Büsche, Berge und Thäler gleichsam zu ihren Mahlerstuben gewählet, und dann nur das, was sie fühlen und was den stärksten Eindruck und die lebhafteste Empfindung auf sie gemacht, gemahlet haben.

Der große Rubens war durch die Schönheit und Wahrheit der Landschaften des van Uden ganz für ihn eingenommen, und nahm sich seiner, nach der edlen Großmuth die ihm angeboren war, sorgfältig an. Er suchte sein Schicksahl, welches nicht das beste war, eine für ihn vortheilhaftere Wendung zu geben; da er ihn nicht allein in viele große Häuser bekannt machte, wo man seine Arbeit reichlich bezahlete; sondern ihm auch die Landschaften in seinen historischen Stücken mahlen ließ: Denn van Uden wußte sein Colorit und die Haltung mit so vieler meisterlichen Kunst einzurichten, daß sie nachher mit den Figuren des Rubens den schönsten Effect machten. Dis erwarb ihm einen großen Ruf, und das Lob und die Zufriedenheit des Rubens erhöhete denselben. Man glaubte zuletzt, so oft man von diesem letzteren Meister ein Gemählde sahe, in welchem van Uden die Landschaft gemacht hatte, es käme alles von einer Hand. In der That dieser Ruhm war glänzend!

Einem gewissen Mahler haben seine Landschaften, die auch wahrhaftig voller Kunst, Natur und Reizes sind, so sehr gefallen, daß er ihn und sie recht artig besungen hat (*): Und der Herr von Hagedorn schildert auch

eine

(*) Quand il peint une solitude,
J'entends murmurer les ruisseaux;
Eloigné de la multitude
Je m'y plais au chant des oiseaux,
Sans trouble, sans inquietitude,
A l'ombre de ces vieux ormeaux.
J'entends gémir la Tourterelle
De la plaintive Philomele.
Ses sons intéressans attendrissent mon Coeur;
Que n'y vois-je briller l'image de ma belle,
Je cherois trop mon bonheur.

eine derselben ungemein rührend (*): "Was, spricht er, ist gemeiner, und
„was kann wol weniger von sich zeigen, als ein einsamer Fischer? Und
„gleichwol ist in einer Ihnen, geliebtester Freund, bekannten Landschaft des
„van Uden, wo Schatten und Ruhe sich über einen seitwärts fließenden
„Fluß verbreiten, dieses Fischers Gegenwart, dem Schilfe und den Wei-
„denstraüchen des beschatteten Ufers, wie zugemessen. Er nimmt gleichsam
„den Beobachter zum Mitgenossen seiner Einsamkeit an, und reitzet nur de-
„ren Gefühl in derjenigen stillen Gegend der Landschaft, wo mehr Bewe-
„gung die Ruhe im Gemählde stöhren würde."

Der berühmte Anton van Dyk hat des van Uden Bildniß auch gemahlt, und es befindet sich ebenfalls in seiner Sammlung von Bildnissen (**). Das Lebensende dieses verdienstvollen Meisters geschahe Ao. 1660.
Der Ort desselben ist nicht recht bekannt. Er hat auch in Kupfer gerissen.
Johann Friedrich Christen führet sein Monogramma an (***); und Houbracken, Decamps und Dargenville haben von ihm geschrieben (*).
Seine Gemählde sind von Kennern sehr gesucht und hochgeschätzet worden;
desgleichen auch seine Handzeichnungen, die er besonders schön verfertiget

E 3 hat.

(*) Betrachtungen über die Mahlerey. Seite 365.

(**) Le Cabinet des plus Beaux Portraits, faits, par le Fameux Antoine van Dyk, Chevallier & Peintre
 du Roi. Lucas van Uden. Ant. van Dyk pinxit. Lucas Vorstermann sculpsit.

(***) J. F. Christen. Anzeige und Auslegung der Monogrammatum. Leipzig, 1747. in 8vo. Pag. 196.

(*) 1. Arnold Houbracken. Tom. I. Pag. 158.
 2. J. B. Decamps. Tom. I. Pag. 408.
 3. D'argenville. Supplement &c. Pag. 192.

hat. Ich habe einige davon mit Farben gemahlt gesehen, ohne Zweifel hat der Meister dadurch den Effect und die Haltung, die er in der Natur bemerket, sich einprägen wollen.

No. 16.
Cornelius Molenaer.
Eine Landschaft.
Auf Holz gemahlt, 1 Fuß 3 Zoll hoch, und 2 Fuß 2 Zoll breit.

Wenn es überhaupt eine Sache von Wichtigkeit ist, die viele genaue Einsicht und Geschicklichkeit erfordert, gute Winterstücke mit einer vollkommenen Haltung im Colorite zu mahlen, woran ohnstreitig kein vernünftiger Kenner zweifeln wird: So sind auch alle dergleichen Vorstellungsarten von einer vorzüglichen Achtung, in welchen man an der Haltung im Colorite keinen merklichen Fehler findet. Muß man daher nicht diesem Gemählde einen ansehnlichen Wehrt beylegen? da der Winter darinn und besonders die trübe kalte Luft, nebst den von Schnee angefüllten Wolken, sehr schön ausgedrucket sind. Die Staffirung einiger Figuren hat auch viel Reiz: Und man kann überhaupt sagen, daß in diesem Bilde viele Schönheiten der Kunst angebracht sind. Wouwermann, Beerstraten und Isaac Ostade haben sich auch vielfältig mit der Vorstellung schöner Winterstücke beschäftiget.

No. 17.

No. 17. und No. 18.
Zwo Landschaften.

Auf Kupfer gemahlt, 1 Fuß 2 Zoll hoch, und 1½ Zoll breit.

Die erste Landschaft stellt ein Dorf auf einer Anhöhe, um welcher sich ein Fluß schlingt, vor. Die Haltung darinn ist stark und gut ausgemahlt.

Die andere ist ein Winterstück, worauf man einige durch Schlittschuhe laufen sieht. Beyde Gemählde sind ein Paar artige Cabinetstücke.

Cornelius Molenaer, insgemein wegen eines Fehlers den er am Auge hatte, Cornelius der Schielichte genannt, war ein Schüler von seinem Vater und Stiefvater, die beyde nur mittelmäßige Mahler gewesen sind. Was ihm hier das Glück an einem guten Unterricht mangeln ließ, das ersetzte er durch seinen großen Fleiß und vortrefliches Genie, so, daß er ein berühmter Landschaftenmahler geworden ist. Sein größestes Unglück war seine liederliche Lebensart, die ihn ganz zurück und in die kläglichsten Umstände setzte: Dann als er sein Vermögen verprasset hatte, sahe er sich genöthiget für andere Mahler zu arbeiten; und Ihnen die Hintergründe in ihren Gemählden zu mahlen, wofür er einen Gulden als ein Tagelohn erhielt. Durch Fleiß und Uebung hatte er sich eine solche Fertigkeit erworben, daß er in einem Tage eine ziemlich große Landschaft zu verfertigen, fähig war, wozu er noch überdem den Mahlerstock entbehren konnte, weil er sich gewöhnt hatte aus freyer Hand zu mahlen. Fast alle berühmte Meister, die zu der Zeit in Antwerpen lebeten, haben sich der Geschicklichkeit dieses Molenaers sehr gern bedienet, zumalen er sehr wohlfeil für sie

arbei-

arbeitete. Er hat zuweilen den Hintergrund in einem Gemählde für sechs bis sieben Groschen verfertiget. Demohnerachtet haben seine Werke mannigfaltige Schönheiten; und sind deshalb auch von Künstlern und Kennern sehr verehret worden. Er ist in Antwerpen gestorben. Das Jahr seines Todes und seiner Geburt aber kann man nicht zuverläßig bestimmen. Decamps hat seiner erwehnet (*).

No. 19. und No. 20.
Anton van Dyk.
Zwey Bildnisse.

Halbe Figuren, Lebensgröße, auf Leinewand gemahlt, 3 Fuß 5 Zoll hoch, und 2 Fuß 9 Zoll breit.

Das erste ist eine artige hübsche Frau in schwarzer Kleidung, mit einem weissen krausen Kragen um den Hals. Die rechte Hand läßt sie seitwärts fallen und faßt damit nach ihrem Kleide. Die linke hält sie vor sich. Lauter Leben und Natur! Van Dyk stellt hier das Natürliche einer stillen sittsamen Schöne, mit schmeichelnden Pinsel vor. Wie reitzend steht sie da! Das Colorit ist angenehm; und Wahrheit und Lebhaftigkeit sind in dieser vortreflichen Vorstellung, ungemein rührend ausgedruckt.

Das

(*) J. B. Decamps. Tom. I. Pag. 169.

Das andere Bildniß ist ein Mann in seinen besten Jahren, der eben so schön und kunstvoll wie die Frau vorgestellet ist. Er ist schwarz gekleidet und hat auch einen weissen Kragen um den Hals. Die rechte Hand hält er auf den Rücken und mit der linken faßt er seinen Mantel. Die Stellungen dieser beyden Personen sind überhaupt ohne allen Zwang, frey und schön gezeichnet; aber noch schöner gemahlet. Wer einen guten und feinen Geschmack hat, dem werden diese Stücke angenehme Gegenstände der Betrachtung und Bewunderung seyn; da sie eine Zierde der allerbesten Gallerien sind.

Wenn es einem Künstler und jedem anderen, der eines Unterrichts genossen, eben keine große Ehre macht, wenn man seinen Ruhm mit Anführung und Benennung seines Meisters und Lehrers anfüllen muß, dergleichen Lobesarten oft die Mängel angesehener Männer, wenigstens in den Augen der Kurzsichtigen, zudecken müssen: So muß dann auch der in der That Hochachtung und Lobeserhebungen verdienen, der sich durch seine eigenen Geschicklichkeiten in seiner Kunst und Wissenschaft bey der Nachwelt unsterblich gemacht hat. Und in diesem ehrwürdigen Character erscheint der vortrefliche van Dyk. Er ist gros, nicht, durch den erborgten Glanz seiner Meister, sondern durch sich selbst, durch die hellen Einsichten und großen Fertigkeiten, wodurch er sich den höchsten Grad der Vollkommenheit in seiner Kunst erworben hat. Seine Geburtsstadt war Antwerpen, in der er Ao. 1599. das Licht der Welt erblicket hat. Sein Vater war ein Leinewandhändler, und seine Mutter mahlte Landschaften. Diese merkte gar bald das schöne Genie ihres Sohnes zur Mahlerey; sie gab ihm daher die Bleyfeder in die Hand und ließ ihn zeichnen. Einige Zeit darauf empfing dieser hofnungsvolle Jüngling vom van Baalen, einem guten Mahler, der sich lange in Italien aufgehalten hatte, den ersten vernünftigen Unterricht. Er übertraf in kurzer Zeit alle diejenigen, die sich dazumahl der Mahlerey gewidmet hatten, und in seinen Arbeiten steckte viel Geist und Verstand; weil er das Maaß der Fähigkeiten besaß, das zu dieser edlen Kunst erfordert wird.

Der große Ruhm des verdienstvollen Rubens, erweckte in dem van Dyk das schöne Verlangen, in jenes Schule zu kommen. Durch Veranstaltung und Fürbitte verschiedener seiner Freunde ward sein Wunsch erfüllet: Und Rubens nahm ihn unter der Anzahl seiner Schüler auf. Er ward diesem seinem Meister ein brauchbares Werkzeug; da er dessen angefangene Bilder nicht allein mit Rubens Zufriedenheit, sondern auch mit solchem hohen Beyfalle vieler anderen Kenner ausmahlete, daß sie das ganze Stück für Rubens Arbeit ansahen. Zuweilen untermahlete van Dyk auch die Gemählde seines Lehrers, und dieser mahlte sie dann wieder völlig aus. Der Ruf von der Geschicklichkeit dieses Schülers war diesem selber endlich so vortheilhaft, daß man glaubte er verfertigte fast alle Gemählde seines Meisters. Durch seinen Fleiß und den Wachsthum seiner Einsichten stieg er von einer Stufe der Vollkommenheit zur andern, so, daß Rubens selbst befürchtete, er möchte ihm, besonders in historischen Stücken, den Vorzug streitig machen. Um dieses zu verhindern, suchte er dem van Dyk, unter dem Scheine eines wohlmeinenden Raths zu bereden, daß er von historischen Stücken ablassen, und sich auf Bildnißmahlen besonders

legen

legen möchte. So verkriegt sich oft eine unedle Handlung unter der Larve der Verstellung, die heut zu Tage leyder! zur besten Mode geworden. Van Dyk war noch glücklich genug, die kleine List seines Meisters zu merken, vielleicht weil sie nicht so versteckt gewesen, wie sie anitzt nach dem Geschmacke unserer aufgeklärtern Zeiten seyn muß, und daher verließ er seine Schule und arbeitete für sich allein. Seine Seele war aber viel zu edel, als daß sie der Dankbarkeit ganz uneingedenk hätte seyn sollen, die sie dem Rubens schuldig war. Um ihm davon einen Beweiß zu geben, überschickte er ihm drey Gemählde von seiner Hand, nemlich, die Krönung Christi, das Bildniß von des Rubens zweyter Frau und die Vorstellung Christi am Oehlberge, alle drey in ausnehmender Schönheit, die Rubens völligen Beyfall hatten; und wofür er dem Van Dyk sein allerbestes Pferd schenkte.

Von diesem letzteren Meister verlangte man in Savelthem, nahe bey Brüssel, zwey Gemählde zur Ausschmückung der dasigen Kirche, die er auch verfertiget hat. Das eine stellt die Familie Christi vor. Er hat hierinn das Gesicht eines schönen jungen Bauermädchens angebracht, in die er sich, während der Zeit daß sie ihm zum Model gesessen hat, verliebt haben soll. Und dis wird ohne Zweifel die Ursach seyn, warum er sie so meisterlich geschildert: Denn sollte das Feuer seiner Leidenschaft ihn nicht in dem gehörigen Grade der Begeisterung gesetzet haben, der erfordert wird einen Gegenstand schön zu denken? Das andere Gemählde ist eine Vorstellung des heiligen Martinus. Er hat sein eigenes Bildniß hierauf ausgedruckt, und den Heiligen zu Pferde gemahlet, wozu ihm das vom Rubens geschenkte Pferd zum Model stehen mußte.

Van Dyk empfand nun selbst einige Neigung zum Bildnißmahlen, und fing daher an, sich hiermit mehr als mit historischen Stücken, zu beschäftigen. Er ward mit Arbeit fast überhäuffet. Rubens, den die Liebe zum Privatnutzen keinesweges ein ganz unedles und falsches Herz gegeben, gab ihm den Rath nach Italien zu reisen. Van Dyk folgte diesem, da er ohngefehr zwanzig Jahre alt war. Er hielt sich lange in Venedig auf, um die schönen Gemählde des Titien und Paul Veronese zu bewundern, und sich darnach zu üben. Von da wendete er sich nach Genova, wo ihm die Großen und Adelichen viel Arbeit gaben; und auch hier hat er sehr viele Bildnisse verfertiget. Nun wollte er noch gerne Rom sehen, und daher verließ er Genova und reisete hin. Der Cardinal Bentivoglio nahm ihn in seinem Hause und erwieß ihm sehr viel Ehre. Er hatte ihn ehedem in den Niederlanden gesehen, als er dort die Stelle eines Nuntius bekleidete. In Rom hielten sich um diese Zeit verschiedene niederländische Mahler auf, die alle über das Colorit des van Dyk in Erstaunen gesetzet wurden, welches aber mit einem bitteren Neide verbunden war. Dieser gefährliche Feind war dem van Dyk eben nicht vortheilhaft. Seine Landsleute, mit denen er noch überdem keinen Umgang haben wollte, fingen nun an ihn heftig zu verläumden und seinen guten Nahmen immer mehr zu verkleinern, wodurch er freylich hätte sehr gestürzet werden können, denn wie mächtig ist nicht eine boshafte Zunge? wenn er diesem Uebel nicht durch seine Zurückkehr

nach

nach Genova zuvorgekommen wäre. So zog er den guten Ruf allen übrigen Vortheilen vor, denn man hatte ihm in Rom sehr viele und große Arbeiten vorgeschlagen, und wie nachahmungswürdig handelte er hierinn!

Nach einiger Zeit wurde er nach Sicilien berufen. Diese Reise hat Soprani ausführlich beschrieben (*). Weil sich aber die Pest dort zu äussern anfing, so war sein Auffenthalt von keiner langen Dauer, und er eilte wieder nach Genova zu kommen. Hier blieb er abermahls einen Zeitraum, und da man ihn nachgehends in seinem Vaterlande verlangte, so reisete er auch mit willigen Herzen hin. Kaum war seine Ankunft bekannt worden, so mußte er schon in Antwerpen, in der Kirche der Augustiner, ein Altarstück verfertigen; und bey dieser Arbeit hat er die gründlichen Einsichten in seiner Kunst, nebst den großen und edlen Geschmack, den er seiner Reise nach Italien zu verdanken hatte, ungemein deutlich gezeiget.

Sein Glück war aber auch hier in seinem Vaterlande, wenigstens nach seinem Wunsche, noch nicht auf einem so festen Fuße, daß er sich nicht hätte entschließen können, es jemals wieder zu verlassen. Nein, er hofte noch ein besseres und dauerhafteres zu erlangen, und deshalb begab er sich nach Engelland. Allein auch dort suchte er umsonst die Vortheile, deren er sich geschmeichelt hatte; und nun ging er nach Frankreich, aber auch dieses Land

---

(*) Le Vite di Pittori, Scultori ed Architetti, Genovesi E. de Forastieri, che in Genova operarono. Opera Postuma dell' Signor Rafaell, Soprani. Nobile Genovese. in Genova, 1674. in 4to. Pag. 305. Das ist ein rares Buch.

Land versagte ihm ein glänzendes Glück. Jtzt hielt er sein Vaterland wieder für den besten Ort, und daher kehrete er dahin zurück. Er fing an seinen Fleiß zu verdoppeln, und zeigete immer ein erhabneres und größeres Genie. Die Natur reitzend nachzuahmen, diese große Vollkommenheit, besaß er im höchsten Grade: Und man siehet Bildnisse von ihm, die fast beseelet sind. So große Kunstfertigkeiten mußten nothwendig seinen Ruhm verbreiten, und sein Glück höher und dauerhafter machen.

Karl der erste, König von Engelland, hörte die großen Lobeserhebungen, womit man die Verdienste des van Dyk glänzend machte; und nun reuete es ihm, daß er so wenig Achtung für diesen großen Künstler gehabt hatte, da er in Londen gewesen war. Er wünschte ihn in seinem Lande zu haben; und ließ daher durch den Chevallier Digby beym van Dyk anfragen, ob er wieder nach Londen kommen wollte, wobey er ihm zugleich eine ansehnliche Besoldung anbieten ließ. Van Dyk weigerte sich nicht dieses vortheilhaften Antrages, und trat also in der Gesellschaft des Chevallier Digby die Reise nach Londen an. Kaum war er dort angekommen, so machte ihn der König zum Chevallier, begnadigte ihn auch mit seinem Bildnisse, das sehr reich mit Diamanten besetzet war, schenkte ihm eine goldene Kette, und war überhaupt sehr mit dem van Dyk zufrieden. Richardson meldet (*), daß Jhro Majestät zuweilen ganze Stunden bey diesem Mahler zuge=

(*) Traité de la Peinture, & de la Sculpture, par Mr. Richardson, Pere & Fils. Devise en Trois Tomes. Amsterdam, 1728. in 8vo. Tom. III. Pag. 159.

zugebracht, um ihn mahlen zu sehen; und daß er ihm oft Anmerkungen und Erinnerungen über seinen Bildnissen gegeben, die van Dyk für gut gefunden und freudig angenommen habe. Ein seltenes Beyspiel eines Künstlers, wenn er ohne Eigensinn und Murren den guten Rath eines andern Gehör giebt; aber auch ein nachahmungswürdiges Beyspiel, wodurch oft Fehler vermieden und größere Schönheiten hervorgebracht werden können. Van Dyk sammlete sich in kurzer Zeit ein starkes Vermögen, welches er aber nur blos zu einem Wohlleben anwendete; denn er hielt täglich, nach Art der Fürsten, offene Tafel, bey welcher sich vornehme Standespersonen einfanden. Man hat angemerket, daß sich besonders die Damen für eine Ehre gehalten, in seiner Gesellschaft zu seyn; ein Beweis, daß er ein liebenswürdiger Mann gewesen seyn muß.

Van Dyk beschäftigte sich auch mit der Alchimy, wodurch er einen großen Theil seines Vermögens verlohr. Er war schon alt, mürrisch und podagrisch, als er sich noch mit einem jungen Mädchen aus dem Hause von Schottland verheirahtete (*). Sie war sowol wegen ihrer großen Schönheit, als wegen der Unglücksfälle ihres Vaters berühmt. Van Dyk führete sie nach Antwerpen, um sie seinen Anverwandten zu zeigen. Von da ging er nach Paris, weil er sich schmeichelte das große Werk im Louvre mahlen zu können. Seine Hofnung aber schlug ihm fehl, da Poußin bereits von Rom zurück berufen war, um dieses Werk zu verfertigen. Er kehrete hierauf nach London zurück. Mit seiner Gemahlinn hat er

---

(*) Insgemein La fille de Milord Ruten, Comte de Gorre genannt.

er eine Tochter gezeuget, die aber jung gestorben ist. Sein Podagra erschöpfte endlich immer mehr und mehr seine Lebensgeister; und er verschied in Londen Ao. 1641. Man hat ihm bey den Canonicis von St. Paul ein Grabmahl aufgerichtet. Eine ausführliche Beschreibung seines Lebens, worinn zugleich alle seine Werke angeführet wären, würde ein ziemlich starkes Buch werden. Die Sammlung von seinen Kupferstichen hat **Florent le Comte** beschrieben (*). Sie ist aber mangelhaft; da sie sich nur auf drey hundert Blätter erstrecket, und man gleichwol über fünf hundert und funfzig zählt, die **van Dyk** verfertiget hat. Diese Kupfer sind von verschiedenen Meistern gestochen. Diejenigen, die in Engelland und von **Paul Pontius Lucas Vorstmann** gestochen sind, haben einen hohen Preis und sind überhaupt selten zu finden. **Van Dyk** hat auch in einigen Bildnissen die Köpfe radieret und mit Scheidewasser geätzet. Folgende Schriftsteller (**) haben des **van Dyk** Leben und Werke beschrieben;

und

(*) 1. Cabinet des Singularites, par Florent le Comte. à Brusselles 1702. Trois Tom. en Duodec. Tom. I. Pag. 282. -- 304.

2. Het Konst-Cabinet, door Florentyn le Comte. II. Deel in 8vo. Te Arnhem. I. Deel. Pag. 215.

(**) 1. De Groote Schouburgh, door Arnold Houbracken. Het I. Deel. Pag. 179.

2. Joachim von Sandrart. Drittes Buch, zweyter Theil Seite 304.

3. Le Vite de Pittori, Scritte da Gio. Pietro Bellori. in Roma, 1762. in 4to. Pag. 253.

4. Entretiens sur les Vies & sur les Ouvrages des plus Excellens Peintres. à Trevoux, 1725. Vol. VI. in 8vo. Tom. III. Pag. 438.

5. Abrégé de la Vie des Peintres, par Mr. de Piles. à Paris, 1715. in 8vo. Pag. 403. In der Uebersetzung ins Deutsche, die in Hamburg Ao. 1710. in 8vo herausgekommen ist. Seite 491. In der, die J. Verhoek Ao. 1725. in Amsterdam, in holländischer Sprache, in 8vo edirt hat. Seite 332.

6. Abrégé de la Vie des plus Fameux Peintres, par Mr. D'argenville. Seconde Partie. Pag. 163.

7. La Vie des Peintres Flamands, par Mr. J. B. Descamps. Tome Second. Pag. 8.

und ein jeder von ihnen meldet etwas Neues und Merkwürdiges von diesem großen und vortreflichen Meister.

No. 2L.
Johann Lievens.
Ein Frauenzimmer das ins Bette steigen will.
Auf Leinewand gemahlt, 3 Fuß 6 Zoll hoch, und 2 Fuß 5 Zoll breit.

Es ist eine fast ganz nackende Figur, vom Rücken an zu sehen, die vor einem Bette stehet und sich umsiehet, ehe sie hinein steigen will. Ihr kleiner Hund scheinet darauf zu lauren, ihr folgen zu können. Die Zeichnung ist ziemlich gut; das Colorit aber noch weit besser und die Haltung vorzüglich schön; denn Licht und Schatten sind mit vieler Ueberlegung vertheilet. Historische Stücke und ganze Figuren sind von diesem Meister nicht allgemein; da er fast nichts als Köpfe und halbe Figuren verfertiget hat.

Leyden ist der Ort, wo er Ao. 1607. den 24sten October geboren ist. Sein Vater, ein berühmter Goldsticker und nachmahliger Pachter von den Einkünften der Stadt, merkte gar bald das Genie und den Trieb seines Soh-

Sohnes zur Mahlerey, und gab ihn beym George van Schooten, um ihn da das Zeichnen lernen zu laſſen. Als er zehn Jahr alt war, kam Lievens nach Amſterdam beym Peter Laſtmann, wo er ſich zwey Jahre lang fleißig übte, und faſt unbegreifliche Kenntniſſe und Vortheile erreichte. In ſeinem zwölften Jahre copirete er, nach dem Cornelius von Haarlem, den lachenden Democritus und weinenden Heraclitus ſo gut, daß man Mühe hatte, die Copey von dem Original zu unterſcheiden.

Er war bey allen ſeinen Beſchäftigungen emſig und ſehr aufmerkſam. Fühlte er einmahl das Feuer der Begeiſterung, ſo war auch nichts fähig ihn zu erſchüttern. Ein gewiſſer Geſchichtſchreiber, der einige Begebenheiten, die ſich in der Stadt Leyden zugetragen haben, beſchreibet, und beſonders des Aufruhrs von Ao. 1618. gedenket; da der Magiſtrat die Bürger der Stadt mit Waffen verſehen müſſen, um dieſen Aufuhr zu dämpfen, meldet: Daß Lievens nur allein derjenige geweſen, den weder Tumult noch Gefahr beunruhigen können, und der mitten unter der Rebellion ohne Furcht und Angſt, ganz gelaſſen in ſeinem Cabinette gezeichnet habe. Dieſe Begebenheit hat viel Aehnliches mit einer andern, die uns Carl van Mander, Felibien und Sandrart vom Protogene erzählen (*), der auch in ſeiner Mahlerſtube ungeſtöhrt arbeitete, als der König Demetrius die Stadt Rho=

(*) 1. *Het Schilder Boeck*, door Carel van Mander. *Amſterdam*, 1618. in 4to. Fol. 18. b.

2. Entretiens ſur les Vies & ſur les Ouvrages des plus excellens Peintres. à Trevoux, 1725. in 8vo. Vol. VI. Tome Premiére. Pag. 124.

3. Der teutſchen Academie zwoter Theil. Erſtes Buch. Seite 36.

Rhodis, in welcher sich **Protogenes** noch dazu in der Vorstadt aufhielt, belagerte.

Lievens hat sehr jung vortrefliche Bildnisse nach dem Leben; desgleichen auch historische Stücke verfertiget. In Amsterdam auf dem Rathhause ist ein grosses und kostbahres Gemählde von ihm. Es hänget zwischen zweyen prächtigen Werken, das eine vom Ferdinand **Bol,** und das andere vom **Govert Flinck.** In London hat sich Lievens auch einige Zeitlang aufgehalten und dort schöne Bilder ans Licht gestellet. **Van Dyk** ist sein Gönner und Freund gewesen, und hat auch des Lievens Bildniß nach dem Leben gemahlt, welches sich ebenfalls in der bekannten Sammlung der hundert Bildnisse vom **van Dyk** befindet (*). **Philipp Angels,** der Ao. 1642. von der Vortreflichkeit der Mahlerey geschrieben hat, rühmet besonders diesen **Johann Lievens;** und **Houbracken** und **Decamps** geben von ihm einige Nachricht (**). Inzwischen hat man niemahls erfahren können, an welchem Orte dieser Meister gestorben sey.

G 2   No. 22.

(*) Le Cabinet de plus beaux Portraits, peint, par Antoine van Dyk. Johann Lievens. Anton van Dyk pinxit. L. Vorstermann sculpsit.

(**) 1. *Arnold Houbracken.* Tom. I. Pag. 156.

    2. J. B. Decamps. Tom. II. Pag. 115.

No. 22.
Johann Babtiste Franck.
Der Auszug der Kinder Israel aus Egypten (*).

Ganze Figuren, auf Holz gemahlt, 1 Fuß 6 Zoll hoch, und 2 Fuß 2 Zoll breit.

Die Composition von diesem Gemählde ist sehr reich und angenehm. Das Colorit hat viel Klarheit, und ist mit einem sorgfältigen Fleiße ausgemahlt. Ueberhaupt von diesem Bilde zu urtheilen, so verdienet es grossen Beyfall; denn der Meister hat diese Geschichte sehr schön nach den Worten der Schrift vorgestellet. Und da alle Gemählde von Franck, die rein und schadlos sind, selten zu finden, so ist dieses auch aus dem Grunde ein kostbares zu nennen.

Man glaubt insgemein, daß dieser J. B. Franck ein Sohn von den Sebastian Franck sey: Und wenn dem also ist, so kann man freylich von ihm sagen, daß er im Mahlen den Geschmack seines Vaters gefolget sey. Jedoch suchte er sich auch durch die Werke des Rubens und des van Dyk zu verbessern; indem er sie theils fleißig copirete, theils sie zu seinen Urbildern wählete. Ohne Zweifel ist dis denn auch die Ursach, warum in einigen seiner Bilder, wovon dis gegenwärtige einen Beweis giebt, so viel Klarheit und Reitz im Colorite sind. Er hat sich eine lange Zeit durch, blos mit Vorstellung der biblischen Geschichte aus dem alten Testamente, beschäftiget. Nachher fing er an, Gesellschaften in großen Sälen, Bildergal=

(*) 2 Buch Mose. Cap. 3. Vers 21. und 22.

gallerien, Kunstkammern u. d. g. zu mahlen. Houbracken und Weyermann beschreiben ein Gemählde in dieser Art von ihm (*). Das Jahr seiner Geburt und seines Absterbens meldet niemand. So viel ist gewiß, daß er zur Zeit des Rubens und des van Dyk gelebet hat: Denn diese beyden großen und berühmten Meister sind von ihm, wie sie in einem Saale sich mit Bretspiel belustigen, gemahlet. Decamps erwehnet seiner auch (**).

No. 23.
Emanuel de Witt.
Das Innere einer Kirche.

Auf Holz gemahlt, 1 Fuß 3 Zoll hoch, und 1 Fuß 11 Zoll breit.

Man siehet in dieser Kirche eine Leiche stehen; desgleichen auch die für sie eröfnete Gruft. In diesem Gemählde ist die allerschönste Haltung. Licht und Schatten sind so gut, so natürlich und so meisterlich vertheilet und mit einander verbunden, daß der Kenner dadurch in einer Art von Erstaunen gesetzet werden muß. Die Freyheit des Pinsels und das Lebhafte, das de Witt durchgängig in diesem Bilde hat blicken lassen, reitzt und gefällt

---

(*) 1. *Houbracken.* Tom. I. Pag. 51.
  2. J. C. *Weyermann.* Tom. I. Pag. 259.
(**) J. B. *Decamps.* Tom. II. Pag. 47.

fällt beym ersten Anblick unwiederstehlich; und selbst der Künstler wird voll Bewunderung die Schönheiten, mit welchen dieses Stück pranget, betrachten und erkennen; wenn er sie mit Ueberlegung durchdenket und beurtheilet.

Nur ein Steenwyck, Dirck van Dalen und Peter Neeffs können diesem Meister zur Seite gesetzet werden: Und ein jeder von diesen vieren hat etwas anderes und besonderes in seiner Art gehabt. De Witt hat noch diesen Vorzug, daß er alle seine Figuren in seinen Gemählden selbst verfertiget hat; und sie sind auch alle sehr schön gezeichnet und in der schönsten Harmonie: Dahingegen die drey vorher erwehnten Meister sich beständig anderer Mahler, bey der Staffirung ihrer Figuren, bedienet haben. Der Herr Johann Ernst Gotzkowsky hat vom Steenwyck und Dirck van Dalen zwey kostbare Gemählde (*); und der Herr Direktor Cimbcke wiederum zwey vom Peter Neeffs, die auch schöne Stücke genennet zu werden, verdienen (**).

Emanuel de Witt ist Ao. 1607. in Alkmaer geboren. Sein Vater war ein Mathematicus, der sich zugleich mit der Erziehung und dem Unterrichte

---

(*) 1. H. v. Steenwyck. Die Vorstellung ist das Innere einer schönen und grossen gothischen Kirche. Die Staffirung der Figuren ist vom Breugel. Dieses besonders schöne Cabinetstück ist 5½ Zoll hoch, und 7 Zoll 3 Zoll breit.

2. Dirck von Dalen. Das Innere eines grossen Saals, in welchem sich eine Gesellschaft befindet. Ganz am Ende des Saals siehet man eine Orgel. Ausnehmend schön auf Holz gemahlt, 1 Fuß 2 Zoll hoch, und 1 Fuß 7 Zoll breit. Diese beyden vortreflichen Stücke haben ehedem dem Herrn Krauder de Neufville in Amsterdam gehöret.

(**) Peter Neeffs. Das eine Stück ist eine schöne grosse gothische Kirche; und das andere stellt auch eine vor, aber zur Nachtzeit. Sie ist nur von wenigen Lichtern und Fackeln erleuchtet. Die Figuren sind in beyden Stücken vom Breugel. Sie sind auf Holz gemahlt, 1 Fuß 4 Zoll hoch, und 2 Fuß 1 Zoll breit.

Die weitere Nachricht hievon kann man in meiner Beschreibung verschiedener Original-Gemählde ic. Seite 14. No. 12. und No. 13. finden.

richte einiger Kinder beschäftigte. **Emanuel** sein Sohn, sollte in seine Fußstapfen treten, und die Mathematick erlernen. Dieser wendete auch anfänglich hierinn allen Fleiß an, so, daß er sich in dieser Wissenschaft vor allen andern, die mit ihm gleiches Alters waren, sehr hervorthat. Bald hernach aber zeigete er ein lebhaftes Genie und eine große Neigung zur Mahlerey. Man widerstand eben nicht diesem seinen Triebe: Und da eben damahls in Delft der bekannte Mahler, **Everard van Aelst** lebte: So erhielt De Witt von ihm die ersten Anweisungen. Der große und unermüdete Fleiß dieses jungen Lehrlinges, brachte ihn in kurzer Zeit zu jedermanns Bewunderung sehr weit. Er fing sehr früh an historische Stücke zu verfertigen, und Bildnisse nach dem Leben zu mahlen; und fand überall einen großen Beyfall.

Kaum hatte er sich in Amsterdam niedergelassen: So hörte er auf historische Stücke und Bildnisse zu mahlen; und beschäftigte sich mit Gegenständen, die aus der Architectur, oder Perspective genommen waren. Das Innere der Kirchen schien ihm hierzu sehr bequem zu seyn; und eben dis hat er mit so großer Kunst und Schönheit vorgestellet, daß er sich hierdurch Lob und Bewunderung zugezogen hat; denn sein Colorit und besonders die Wahrheit in Licht und Schatten sind so vorzüglich schön, daß sie bisher noch keiner besser auszudrucken, vermocht hat. Es ist zwar nicht zu läugnen, daß man in den Werken anderer Meister mehr Spuren eines sorgfältigen Fleißes, der alles gar zu genau und regelmäßig haben will, antrift; aber sind sie auch deshalb nicht oft zu trocken und zu hart? Und sollten sie auch diesen Fehler nicht haben: So suchet man doch vergebens in ihnen alles

das

das Sanfte und Reitzende, womit de Witt in seinen Gemählden, die Sinnen des Sehers schmeichelt und einnimmt. Seine Figuren sind alle schön gezeichnet und gut angebracht. Bald hat er in der Kirche einen Prediger; bald Leute die herein und heraus gehen; und bald Beerdigungen vorgestellet.

Die Kenner und Liebhaber vortreflicher Kunstsachen bedauren mit Recht den Verlust eines seiner Gemählde, worinn er das Chor in der neuen Kirche zu Amsterdam abgebildet hat. Dieses Stück hatte der Chevalier Angel Ruiter bey ihm bestellt. Er starb aber, ehe de Witt damit fertig wurde. Ein Anverwandter des Admirals Ruiter, mit Nahmen Bernhard Soomer, der ein Prediger war, wollte hernach dieses vortrefliche Bild gern haben; allein es sollte ihm fast gar nichts kosten; daher er dem Meister ein schimpfliches Gebot darauf that. De Witt, der hierüber sehr aufgebracht wurde, nahm in Gegenwart dieses Predigers ein Messer, und schnitt sein vollkommenes Meisterstück in vielen kleinen Stücken; wodurch er sich eine Genugthuung, wegen des niederträchtigen Verhaltens des Soomers, geben wollte. Wenn es freylich allemahl eine große Uebereilung ist, das angethahene Unrecht auf eine Art zu rächen, wodurch man sich nicht allein selbst, sondern auch andern Schaden zufüget: So kann man wohl nicht dis Verfahren des de Witt entschuldigen; viel weniger billigen.

Jedoch, was kann man bessere Denkungsarten von diesem Meister erwarten? da er überhaupt ein sehr wunderlicher Kopf war. Die Geschicklichkeit in seiner Kunst hatte ihm viel Freunde verschafft, die ihn alle hoch: schätzten und verehrten; allein er blieb immer gegen Sie, wo nicht voll feindseliger Gesinnungen, doch wenigstens voll finsteren Kaltsinnes. Einige Beyspiele werden am besten dem Leser diesen Mann, der sonst als Mahler betrachtet, Ruhm und Lob verdienet, bezeichnen können.

Der Consul vom dänischen Hofe erhielt vom Könige Befehl, zwey Gemählde für Ihro Majest. beym de Witt zu bestellen. Er ging deshalb selbst zu ihm hin, richtete den Befehl seines Herrn aus und bestimmte dem de Witt die Zeit, wann ehe er sie ohngefehr abholen wollte. Unterdessen besuchte er ihn einmahl, um zu sehen, wie weit er damit gekommen wäre; baht ihn auch höflich und sehr bescheiden mit dieser Arbeit etwas zu eilen, damit Ihro Majestät nicht ungeduldig werden möchten. Anstatt, daß sich nun de Witt hätte entschuldigen, oder wenigstens dem Consul gute Versicherung, in Ansehung seines Fleißes bey dieser Arbeit, geben können: So stieß er sehr grobe Antwort heraus, die die Gesetze der Wohlanständigkeit überschritten und deshalb nicht wehrt sind, daß man sie wiederholet.

Eine so schlechte Aufführung mußte ihm nothwendig den Haß seiner Freunde; und die Verachtung der feineren Welt zuziehen; daher er auch selbst unter den Künstlern keinen wahren Freund hatte. Wider den Gerard de Lairesse war er besonders aufgebracht: Wovon man folgende Begebenheit, als einen Beweis seines feindseligen Herzens, annehmen kann. De Lairesse und de Witt trafen sich einsmahls unvermuthet in einem Wirthshause an, wo sie zusammen des Abends speiseten. De Witt

Witt fing mit seiner Geschicklichkeit gar sehr zu pralen an; wobey er hin und wieder beleidigende Reden fliehen ließ. Unter andern wollte er auch behaupten, daß er der Stärkste in der Geometrie wäre. De Laireße, der solch unverschämtes Betragen nicht länger gleichgültig ansehen konnte, nahm darauf ein Stück Kreide, und schrieb ihm auf dem Tische einige Exempel vor, um vielleicht seine Geschicklichkeit in dieser Wissenschaft zu erforschen. De Witt, ohne hierauf ein Wort zu versetzen, zeichnete darneben eine Figur in unanständiger Stellung, die zugleich eine grobe Satyre auf den De Laireße war. Dieser, den der Eifer und die Ehre antrieb, eine solche Beleidigung, die in Gegenwart einer großen Gesellschaft geschahe, zu rächen, zog hierauf den Degen, und zerhieb den de Witt sein ganzes Gesicht. Des andern Tages fragten ihn einige: Wer ihn denn so übel zugerichtet hätte? Er antwortete: "Es ist De Laireße gewesen, der mich gestern bey Lichte entworfen hat; und heute suche ich ihn auf, daß er mich völlig ausarbeiten kann."

Das ganze Leben des de Witt ist voll solcher Begebenheiten: Und da sie alle seinem Character wenig Ehre machen; auch viel Raum einnehmen würden, wenn ich mich bey Erzählung derselben aufhalten wollte: So will ich sie lieber verschweigen. Der Leser wird sich, wie ich hoffe, aus den erzählten Geschichten einen deutlichen Begrif, von der Gemüthsbeschaffenheit dieses Mannes, machen können. Er ward endlich alt, arm, elend und überall ein Gegenstand der Verachtung. Sein Wirth erinnerte ihn oft seines vergangenen schlechten Lebens; aber anstatt seinen guten Ermahnungen Gehör zu geben und ihn dafür zu danken, hegete er den bittersten Haß

ge-

gegen ihn; ja er schwur ihm endlich, daß er niemahls mehr in sein Haus kommen wollte; und mit diesem Entschlusse ging er voll Verzweifelung weg. Zween von seinen Vettern die dieses gewahr wurden, und schon längst ein trauriges Ende seines Lebens befürchtet hatten, folgeten ihm nach. Die Dunkelheit der Nacht aber verursachte, daß sie ihm gänzlich aus dem Gesichte verlohren. Er hatte unterdessen den schwarzen Vorsatz gefaßt, sich selbst das Leben zu nehmen. Und dis ist auch geschehen. Denn als das Eis aufgegangen war, fand man ihn bey der Schleuse von Haarlem im Wasser. Er hatte um seinem Halse einen Strick, an welchem er sich vermuthlich hat erhenken wollen, der ihm aber seine Dienste versaget haben muß. Dis war der betrübte Tod eines Künstlers und eines Greises von 85 Jahren, denn No. 1692. erfolgte er, den schon eine lange wohl überlegte Erfahrung hätte klüger machen sollen, wenn die starken Waffen der philosophischen und christlichen Sittenlehre für ihn zu unbrauchbar gewesen, seine zügellosen Leidenschaften in Schranken zu halten. Der Cörper dieses Selbstmörders wurde an dem gewöhnlichen Orte beerdiget, wo man dergleichen Scheusale der Welt hinzuschmeissen pfleget. Houbracken, J. C. Weyermann und Decamps haben von ihm ausführliche Nachrichten hinterlassen (*).

H 2 No. 24.

(*) 1. *Arnold Houbracken.* Tom. I. Pag. 232. &c.
2. *Jacob Campo Weyermann.* Tom. II. Pag. 45.
3. *J. B. Decamps.* Tom. II. Pag. 105.

No. 24.

David Teniers,

Insgemein der jüngere genannt.

Eine Erscheinung.

Auf Holz gemahlt, 1 Fuß 7 Zoll hoch, und 2 Fuß 2 Zoll breit.

Teniers, der ungemein gern Teufel und allerhand Ungeheure vorstellen mochte, suchte immer Gelegenheiten hervor, durch welche er dieser seiner Neigung ein Gnüge thun konnte. Die Versuchung des heiligen Anton war daher zu verschiedenenmahlen ein Gegenstand seiner Ausarbeitung; und jedesmahl beobachtete er dabey eine schöne Abwechselung. In diesem Stücke hat er eben nicht die Begebenheit mit dem heiligen Anton ausdrücken wollen; ob er gleich darinn Ungeheure angebracht hat: Denn würde er alsdenn nicht den heiligen Anton in seinem Ordenskleide haben erscheinen lassen? Teniers aber stellt hier einen alten Mann in orientalischer Kleidung dar, der also nicht einmahl einer von den Orden des heiligen Antons seyn kann. Kurz, der Meister hat Ungeheure vorstellen wollen, ohne dadurch eine Geschichte abzubilden, und diesen Endzweck hat er auch glücklich erreichet. Man erkennet darinn seine lebhafte Einbildungskraft, seinen leichten, freyen und fließenden Pinsel und in dem Kopf des alten Mannes den Fleiß eines Dows und Micris.

David Teniers, insgemein der jüngere genannt, ist in Antwerpen Ao. 1610. geboren. Sein Vater, der alte genannt, hat ihm in der Mahlerey den ersten Unterricht gegeben; und hernach hat er sich auf eine Zeitlang den Anweisungen des Adrian Brauwers anvertrauet, bis er bey Rubens kam, den sein Vater auch zum Lehrmeister gehabt hatte. Er befliß sich mit einem sorgfältigen Fleiße, den Lehren dieses großen Meisters, die er von ihm über das Colorit, über die Haltung und Composition erhielt, zu folgen; und hievon ist er, so viel es nur möglich war, niemals abgewichen. Es ist auch noch ein Abraham Teniers bekannt, der so glücklich in dem Geschmacke des Davids gemahlet hat, daß man sich sehr leicht in ihren Gemählden irren könnte, wenn der erstere in seinem Pinsel das Zaghafte und Harte vermieden; sein Colorit nicht so sehr ins Blasse und Graue fallen lassen; und wenn er endlich mehr Genie und Lebhaftigkeit von sich hätte blicken lassen, in welchem angeführten Stücken ihm der jüngere Teniers übertrift.

Der Erzherzog Leopold war der erste, der seine wohl erlernte Kunst schätzte und hochhielt, daher er auch den Grund zu seinem Glücke legte; denn er kaufte ihm nicht allein seine Gemählde, wovon er selbst den Preis machte, fleißig ab; sondern ernennte ihn auch zu seinen ersten Kammerdiener; schenkte ihm eine goldene Münze mit seinem Bildnisse nebst einer goldenen Kette; und machte sich eine Ehre daraus einen so geschickten Mahler an seinem Hofe zu haben, nach dessen Werke alle Liebhaber in ganz Europa trachten.

Der König von Spanien hat den Teniers auch viele Arbeit gegeben; denn Ihro Majestät ließen zu der Zeit eine ganz neue Gallerie anlegen, und diese mußte Teniers mit seinen Werken zieren. Es war aber für seinen Ruhm nicht genug, daß die mehresten derselben nur in einem Lande Gegenstände des Vergnügens und der Bewunderung seyn sollten. Die Königinn Christiana von Schweden erlangte auch einige Gemählde vom Teniers, die sie ihm nicht allein reichlich bezahlete; sondern wofür sie ihn auch noch, nach der angeborenen großmüthigen Huld die sie gegen die Künstler hatte, mit einer goldenen Münze, auf welcher ihr Brustbild war, nebst einer goldenen Kette, begnadigte.

Der Bischof von Gand M. Triest, ein Freund und Bewunderer des Teniers, hat kaum einige Stücke von der Hand dieses Meisters bekommen können, ob er gleich eine unbegreifliche Anzahl Gemählde verfertiget hat. So eyfrig wurden sie überall erkaufet. Die Fertigkeit die Teniers im Mahlen besaß, ist fast unglaublich. Zuweilen hat er in einem Tage ein ganzes Bild, wenn nemlich nicht viel Figuren darauf gewesen, völlig ausgearbeitet; deswegen auch seine Werke nicht alle gleich schätzbar sind, und man die besten davon fast für keinen Preis haben kann.

Seine längste und größeste Beschäftigung war, daß er beynahe alle Gemählde, die in der schönen Sammlung des Erzherzoges Leopold waren, copirete; jedoch vermied er hierbey allen Zwang und dachte frey und lebhaft.

Indessen hat er hieraus eine ganze Sammlung Bilder gemacht (*) die auch in Kupfer gestochen sind; aber so schlecht gerathen, daß man sie nur in sofern brauchen kann, in sofern sie Hülfsmittel sind, das Andenken von den Gemählden so großer Meister zu erneuern. Teniers fing hierauf selbst zu erfinden an. Er nahm die Natur, und hievon wählte er den Bauernstand, den er in allen seinen Arten und Gewohnheiten so schön vorgestellet hat, daß ihm hierinn noch keiner gleich gekommen ist. Die Zeichnung seiner Figuren ist natürlich, voll Geistes und Lebhaftigkeit; und die Affecten sind vorzüglich einnehmend ausgedruckt. Le Bas in Paris hat eine große Anzahl Kupfer nach des Teniers Gemählden gestochen, die wahrhaftig aller Kenner Lob und Bewunderung verdienen. Mir ist ein schöner Abdruck von einem Kupferstiche des Le Bas nach Teniers Werken weit lieber, als ein verwaschenes und überschmiertes Original, dergleichen man leyder! häufig siehet.

Ruhm, Glück und Ehre, diese angenehme Gefehrten des menschlichen Lebens, folgten diesem Meister auch noch da, als er sich von seinen gewöhnlichen Arbeiten entledigte, und sich zur Ruhe zu begeben, anfing: Denn sein Haus war beständig voll großer Herren, Künstlern und Liebhabern seiner Werke, die ihn alle hochschätzten und verehrten, und in deren

Um-

(*) Theatrum Pictorium Davidis Teniers, Antwerpiensis, pictoris serenissimorum principum Leopoldi Guilhelmi Archiducis Austriæ, & Johannis Austriaci pro Philippo IV. Rege Hispaniarum Belgii Gubernatorum, in quo exhibentur ipsius manu delineatæ ejusque cura in Aes incisæ Picturæ Archetypæ italicæ, quas ipse serenissimus Archidux in Pinacothecam suam Bruxellis collegit. Opus omnibus Artis Pictoriæ Amatoribus perutile. Antwerpiæ, 1685. in groß Folio. Es sind zwei hundert und fünf und vierzig Kupferstiche, die aber nicht allezeit vollständig zu haben sind.

64

Umgang er die Tage seines Lebens sehr zufrieden und vergnügt zubringen konnte. Er lebte auch in diesem glückseligen Zustande bis in seinem achzigsten Jahre; da er in Brüssel Ao. 1690. den 25sten April verschied. Sein Leichnam ward nach seinem Guthe Perck gebracht. Hier hatte er ein sehr schönes Schloß, welches insgemein das Schloß der drey Thürmer hieß. Es liegt zwischen Malines und Vilvorde.

Teniers hat eine große Anzahl Schüler hinterlassen, worunter Tilbourgh und Alshoven die geschicktesten sind, und die ihrem Meister am nächsten in der Art zu mahlen gekommen sind. Zeichnungen hat man wenige von ihm. Die Sammlung der Kupferstiche, die von verschiedenen Kupferstechern nach seinen Gemählden verfertiget sind, beläuft sich auf fünf hundert und sechzig Blätter. Houbracken, Weyermann, Dargenville und Decamps haben von diesem großen Künstler verschiedene Nachrichten gegeben (*); und der Herr von Hagedorn schildert ihn mit wenigen aber ausgesuchten und nachdrücklichen Worten unvergleichlich; da er ihn mit dem Peter Lunghi, Watteau und Lancret vergleichet (**).

No. 25.

*) 1. *Arnold Houbracken.* Tom. I. Pag. 345.

2. Jacob Campo Weyermann. Tom. II. Pag. 89.

3. Abrégé de la Vie des plus fameux Peintres, par Mr. D'argenville. à Paris, 1745. in 4to. Seconde Partie. Pag. 194.

4. J. B. Decamps. Tom. II. Pag. 153.

(**) Betrachtungen über die Mahlerey. Seite 369. 395. 405. u. s. f. 421. und 603.

No. 25.
Nicolas van Weerendael.
Eine Zusammenkunft von Affen.
Auf Leinewand gemahlt, 11 Zoll hoch, und 1 Fuß 2 Zoll breit.

Die Beschäftigung dieser Affen ist verschiedentlich. Einige von ihnen sitzen an einem Tische und essen, andere warten auf, und einer bratet Austern. Obgleich diese Art zu denken insgemein mit allem Rechte die poßierliche genennet wird, und folglich sie ein jeder schöner Geist, wenn er nicht getadelt seyn will, vermeiden muß, daher auch **van Weerendael**, wenn man ihn von dieser Seite allein betrachtet, freylich keines Ruhms würdig ist: So verdienet er doch einige Achtung, da er seine kleinere Gegenstände mit vieler Kunst, Fleiß und Wahrheit sehr natürlich und lebhaft geschildert hat. Der witzige und scharfsinnige **Salvator Rosa**, redet in seinen Satyren über die Mahlerey, von den poßierlich denkenden Mahlern sehr artig und nachdrücklich (*).

(*) Altri studiano à far solo animali,
    E senza similarsi entro à gli specchi,
    Si ritragono giusti, è naturali.
Par che dietro il Bassano ciascuno invecchi,
    Rozzo Pittore di Pecore, è Cavalle,
    E Eufranore, ed Alberto han negl'orecchi.
E son le scole lor le Mandre è stalle,
    E consumano in far, l'etadi intiere,
    Bisce, Rospi, Lucertole, è Farfalle;
E quelle Bestie fan sì vive, e fiere,
    Che fra i Quadri, ed i Pittori si resta in forse
    Quai sian le Bestie finte, è quai le vere.
Satira di Salvator Rosa, la Pittura. Satira III. Pag. 17.

Weerendael ist in Antwerpen geboren. Man kann nicht mit Gewißheit das Jahr seiner Geburt bestimmen. So viel ist außer allem Zweifel, daß er ohngefehr um das Jahr 1659. gelebet hat. Sein Genie, Fleiß und die Natur sind seine Lehrmeister gewesen. Blumenstücke zu mahlen war seine Lieblings-Beschäftigung; und ich habe in Holland von ihm einige gesehen, die so schön waren, als hätte sie der reißende Pinsel des van Huysum geschaffen. Von dem erfolgten Absterben dieses Meisters hat man auch keine Nachricht. Weyermann, Harms und Decamps, die seiner doch erwehnen (*), melden kein Wort davon. Er muß aber noch Ao. 1686. gelebet haben; welche Jahrzahl er noch auf einem Stücke, welches Ihro Majestät der König von Polen haben, gesetzet hat (**).

No. 26.
Andreas Both.
Christi Geisselung (***).

Ganze Figuren, auf Holz gemahlt, 1 Fuß 11 Zoll hoch, und 2 Fuß 7 Zoll breit.

Der Effect vom Licht und Schatten ist in diesem Gemählde bewundernswürdig schön. Es ist übrigens fast ganz in dem Geschmacke des Elsheimer

---

(*) 1. Jacob Campo Weyermann. Tweede Deel. Pag. 234.
 2. A. F. Harms. Tab. XXXVI.
 3. J. B. Decamps. Tom. III. Pag. 399.

(**) Die Vorstellung ist auch eine Zusammenkunft von Affen. Er hat außer der Jahrzahl 1686. auch noch seinen Nahmen Nic. v. Weerendael darauf geschrieben. Es ist dieses Stück auf Holz gemahlt, 1 Fuß hoch, und 1 Fuß 4 Zoll breit.

(***) Evangelium Johannis. Cap. 19. Vers 1.

heimer und Bramer gemahlet. Die Composition ist sehr hübsch; besonders sind die Affecten mit vieler Wahrheit ausgedruckt. Die Zeichnung ist auch gut. Das Hauptlicht fällt auf die Figur des Heilandes, und verlieret sich nach und nach in der allerschönsten Verbindung mit dem Ganzen des Bildes. Das Colorit ist kräftig und mit meisterlichem Pinsel ausgeführet. Kurz, dieses Gemählde ist ein würdiges Cabinetstück.

Andreas Both, ein Schüler des Bambocci, ist in Utrecht geboren. Er war, wie ich bereits bey dem Leben seines Bruders Johann Both angeführet habe, auf allen Reisen ein treuer Gefährte von diesem letzteren: Und beyde Brüder arbeiteten so lange zusammen, bis sie ein unglücklicher Zufall trennete: Denn dieser Andreas ertrunk im Canale bey Venedig; als er mit einigen guten Freunden vom Abendessen zurück kam. Seine Werke sind sehr hoch geschätzet und in Holland und Frankreich, wo man sie nicht häufig antrifft, sehr theuer bezahlet worden. Houbracken und Decamps haben von ihm geschrieben (*).

No. 27.

(*) 1. *Arnold Houbracken.* Tom. II. Pag. 114.
2. *J. B. Decamps.* Tom. II. Pag. 302.

No. 27.
Johann Both.
Eine Landschaft.

Auf Holz gemahlt, 1 Fuß 4 Zoll hoch, und 1 Fuß 7 Zoll breit.

Dieser geschickte Landschafter hat verschiedene Schönheiten in diesem Gemählde ausgedruckt. Das Colorit ist warm und angenehm. Die Staffirung ist ein Bauer, der ein Maulthier führet; und im Vordergrunde ist ein kleines Wasser, das durch einige Steine rauschend fällt.

Johann Both ist in Utrecht geboren; und hat im beständigen Umgang mit seinem Bruder, Andreas Both, gelebt. Beyder erste Beschäftigung war auf Glas zu mahlen, bis sie sich so viel verdienet hatten, daß sie eine Reise nach Italien antreten konnten. Sie nahmen ihren Weg durch ganz Frankreich, und kamen endlich nach Rom; wo sie sich auf eine Zeitlang niederließen. Johann wählte sich zum Muster der Nachahmung den Cludio Lorrain, und Andreas den Peter van Laar, sonst auch Bamboche genannt. Ihre Arbeiten giengen ihnen so glücklich von statten, daß man sie in kurzer Zeit mit allgemeinem Beyfalle mahlen sahe. Nachdem aber Andreas Ao. 1650. in Venedig das Unglück hatte, zu ertrinken: So wollte nunmehro Italien gar nicht mehr dem Johann gefallen; daher kehrete er wieder nach Utrecht zurück. Die traurige Begebenheit, die sich mit seinem Bruder zugetragen hatte, und die er stets mit Unruhe und Betrübniß des Herzens durchdachte, verursachte in ihm eine Art von Melancoley, die vielleicht

leicht das baldige Ende seines Lebens beschleunigte; denn er starb in Utrecht kurze Zeit darauf. So würkt oft die Macht der zärtlichen Liebe die dunkelsten Auftritte, wenn sie nicht durch Vernunft und Religion, in den pflichtmäßigen Schranken gehalten wird.

Man hat angemerket, daß die Gemählde dieser beyden Brüder mehr in Italien, als in Holland, Frankreich und Teutschland bekannt sind. Johann Both hat in einigen seinen Werken zu viel Gelbes hinein gebracht, besonders in seinen Baumschlag. Er hat auch verschiedene Stücke in Kupfer gerissen. Houbracken, Decamps und der Herr von Hagedorn, haben von ihm einige Nachrichten bekannt gemacht (*).

No. 28.
Thomas Wyck.
Eine wirthschaftliche Vorstellung.

Auf Holz gemahlt, 1 Fuß 9 Zoll hoch, und 1 Fuß 6 Zoll breit.

Man ist in dem Inneren eines Bauerhauses mit Schlachten beschäftiget, und im Begrif Wurst zu machen. Die Beleuchtung und Haltung

---

(*) 1. *Arnold Houbracken.* Tom: Second. Pag. 114.

2. J. B. Decamps. Tome Second. Pag. 302.

3. Des Herrn von Hagedorns Betrachtungen über die Mahlereyen, a) Beurtheilung des Characters seiner Landschaften. Seite 339. b) Seine Kupferstiche. Seite 370. c) Seine Farbenmischung. Seite 716.

der Farben sind in diesem Bilde gut; wie es denn überhaupt frey und mit meisterhaften Zügen gemahlet ist.

Thomas Wyck verdienet einer der besten Meister seiner Zeit, besonders was diesen Geschmack und diese Vorstellungsart anbetrift, genennet zu werden. Er hat auch sehr viele Seehafen vorgestellet; desgleichen Jahrmärkte auf großen Plätzen, worauf man Zahnärzte, Comedianten, Taschenspieler und allerhand spashafte Gegenstände siehet. Auch Apothecken und Laboratoria, worinnen Alchymisten arbeiten, suchte er schön und natürlich in einigen seiner Gemählden auszudrücken; und in allen diesen verschiedenen Vorwürfen seiner Beschäftigung, ist er überaus glücklich gewesen. Seine Zeichnungen sind insgesamt hübsch. Sein Colorit ist kräftig. Seine Mischung der Farben bringt in seinen Werken mehrentheils eine natürliche und angenehme Haltung. Er hat verschiedene Sachen in Kupfer radieret: Und diese Arbeiten sowol, als auch seine Bilder und Handzeichnungen, sind von Liebhabern sehr gesucht und hochgehalten werden.

Der Geburtsort des Thomas Wyck ist Haarlem, wo er Ao. 1616. das Licht der Welt erblickte. Wann ehe er gestorben, dis kann man nicht mit Gewißheit melden. Houbracken, Weyermann und Decamps gedenken dieses Meisters (*). Er hinterließ einen Sohn, Johann Wyck genannt, der sich in London einen großen Ruf erworben hat. Seine größeste

---

(*) 1. *Houbracken.* Tom. II. Pag. 18.

    2. *Jacob Campo Weyermann.* Tweede Deel. Pag. 127.

    3. *Johann Baptiste Decamps.* Tom. II. Pag. 245.

größeste Geschicklichkeit bestand in Bataillenmahlen. Er hat auch einige mahl die Pferde und Hintergründe zu den Bildnissen, welche der Baron Gottfried Kneller nach dem Leben geschildert hat, verfertiget.

No. 29.
Adam Pynacker.
Eine Landschaft.

Auf Holz gemahlt, 1 Fuß 3 Zoll hoch, und 1 Fuß 7 Zoll breit.

Sowol der Sonnen Untergang und deren ganzer Effect, wodurch Pynacker hier sehr schön den Abend vorgestellet hat; als auch die sanfte und angenehme Haltung, die er durchgängig in diesem Bilde beobachtet, tragen nicht wenig zur Schätzung und Verschönerung desselben bey. Die Bauerfrau, die über dem, von einer Kuhe umgestossenen Eymer mit Milch klaget und jammert, ist gut gezeichnet und natürlich voll großer Lebhaftigkeit ausgedruckt. Sollte daher dieses Stück nicht den Nahmen eines schönen Cabinetstücks verdienen; da es mit so vielen und großen Vorzügen prangt?

Die Gemählde dieses vortreflichen Meisters sind zu aller Zeit und an allen Orten, von Kennern und Liebhabern schöner Kunstsachen, hochgeschätzet worden; ein Glück, dessen sie auch wahrhaftig würdig sind. Von den

den Verdiensten dieses schätzbaren Künstlers will ich lieber schweigen; als sie durch eine matte Schilderung entkräften. Wer ein großes Verlangen hat etwas davon zu lesen, den wird vielleicht Houbracken, Decamps und Weyermann befriedigen können (*). Er ist in der Vorstadt von Pynacker, einen Flecken zwischen Schiedam und Delft Ao. 1621. geboren; und hat sein Leben ohne Nachtheil seines Ruhms und großen Rufs Ao. 1673. geendiget.

No. 30.
Peter Wouvermann.
Zween Rappen.
Auf Holz gemahlt, 10 Zoll hoch, und 1 Zoll breit.

Das eine Pferd reitet ein Knecht, und das andere läuft dabey her. Sie sind beyde in ihrer Art sehr gut gezeichnet. Es ist nur Schade, daß dieses Bild ein wenig verwaschen ist: Denn der Hintergrund von der Luft sieht mit dem Uebrigen in gar keiner Verbindung.

Hou-

(*) 1. A. Houbracken. Tom. II. Pag. 56.
2. J. B. Decamps. Tom. II. Pag. 317.
3. Jacob Campo Weyermann. Tom. II. Pag. 150.

Houbracken und Decamps erwehnen dieses Meisters, aber sehr kurz (*). Er hat im Mahlen den Geschmack und die Methode seines Bruders, des berühmten Philipp Wouvermann beybehalten, und sich durch die Abzeichnungen der Werke dieses letzteren sehr viel Vermögen erworben, unter welchen er so gar jenes Nahmen schrieb, damit sie ihm desto theurer bezahlt würden. Der Unterschied aber, in Absicht der inneren Güte der Gemählde, ist sehr leicht zu entdecken, so bald man nur Gelegenheit hat einige davon beyeinander zu sehen. Von dem Johann Wouvermann, der auch noch unter diesem Nahmen bekannt ist, weiß man, daß er sehr jung gestorben sey.

No. 31.
Wilhelm Romeyn.
Eine Landschaft.

Die Staffirung dieser schönen Landschaft macht einiges Vieh, welches sehr gut gezeichnet und völlig in dem Geschmacke des Berchem und Dujardin gemahlet ist. Das Colorit ist klar, fließend und angenehm. Die Werke

―――――――
(*) 1. *Arnold Houbracken.* Tom. II. Pag. 75.
    2. *J. B. Decamps.* Tom. II. Pag. 291.

74

Werke dieses geschickten Meisters sind sehr wenig bekannt; und man findet auch von ihm nicht viel Nachricht. Der Herr von Hagedorn setzet ihn in die Classe eines Berchem, Aßelyn und des jüngeren van der Meer (*). Gerard Hoet erwehnet auch noch dieses geschickten Hirtenstücke-Mahlers (**), dessen Gemählde die schönsten Sammlungen zu zieren, würdig sind.

No. 32.

Johann Sibrechts.

Eine Landschaft.

Die Haltung in diesem Bilde ist hübsch und sehr in dem Geschmacke des Berchem und Lingelbach. Die Staffirung ist auch gut. Sie faßt einen Bauer auf einem Esel sitzend in sich, neben welchem noch ein beladener Esel stehet; und einen andern am Wege sitzenden Bauer, der sich ausruhet.

No. 33.

(*) Betrachtungen über die Mahlerey. Seite 151.
(**) Gerard Hoets Anmerkingen, op het eerste en tweede Deel des Nieuwen Schouburgs, door Johann van Gool. Pag. 52.

No. 33.
Ein Hirtenstück.

Auf Leinwand gemahlt, 1 Fuß 3 Zoll hoch, und 1 Fuß 7 Zoll breit.

Die Klarheit im Colorite ist in diesem Stücke vollkommen helle und angenehm. Das Bauermädchen, welches ihr Tuch in einem kleinen Bache wäscht, ist auch gut vorgestellet; und das ganze Stück in dem Geschmacke des Aßelyn und Dujardin gemahlet. Weyermann, Decamps und Harms haben dieses Sibrechts in ihren Schriften gedacht (*). Er war ein geschickter Landschafter, den die Werke des Berchem und Carl Dujardin gebildet haben. Was ist es daher Wunder! wenn er diesen beyden großen Meistern so glücklich nachgeahmet hat, daß man schon ein genauer Kenner der Mahlerey seyn muß; wenn man seine Arbeit von jener ihre unterscheiden will: Und gereicht ihm dis nicht zum großen Ruhme? Die Herren Bilderhändler schreiben auch oft, aus Mangel der Einsicht und Beurtheilungskraft, die Nahmen des Berchem und Dujardin auf des Sibrechts Gemählden. Alle Nachricht, die man von ihm hat, erstreckt sich blos auf seine Geburt, die in Antwerpen geschehen ist. Selbst von seinem Absterben weiß man nichts Zuverläßiges.

K 2 No. 34.

(*) 1. De Levens-Beschryvingen der Nederlandsche Konst-Schilders, in s'Gravenhage, 1729. in 4to, Tweede Deel. Pag. 214.

2. La Vie des Peintres Flamands, par Mr. J. B. Decamps. Tome Second. Pag. 359.

3. A. F. Harms Tables Historiques des plus Fameux Peintres. Tab. XXV.

No. 34.
Johann van Haensbergen.
Eine Landschaft.
Auf Holz gemahlt, 9 Zoll hoch, und 9 Zoll breit.

In dieser schönen Landschaft siehet man einige Frauenzimmer, die sich gebadet haben. Die Klarheit im Colorite ist reizend und die Figuren, nebst der ganzen Haltung, sind so schön und vortreflich, als kämen sie von der Hand eines Poulemburgs. Es giebt auch Sammlungen, in welchen man von diesem letzteren Meister Stücke hängen sieht, die bey weiten nicht so schön und angenehm sind, wie dieses kleine Cabinetstück ist.

Haensbergen, dieser glückliche Nachahmer seines Meisters Poulemburg, ward Ao. 1642. den 2ten Januarius in Utrecht geboren. Seine natürlichen guten Talente und der weise Unterricht seines Meisters, verschaften ihm in kurzer Zeit schöne Einsichten und große Vortheile in der Mahlerey. Weil Poulemburg damahls in großen Ruf stand, und seine Werke mit ansehnlichen Summen bezahlt wurden: So copirte man nicht allein vielfältig seine Gemählde; sondern fast alle Mahler wollten ihm auch nachahmen. Unter diesen sind Haensbergen, Vertange, Johann Lys und Hoet diejenigen, die in ihrer Bemühung glücklich gewesen, und seinen Fußstapfen sorgfältig und ohne vieler Abweichung gefolget sind. Haensbergen aber ist ihm, wenn man aufrichtig reden soll, am nächsten gekommen; ja so nahe, daß sehr viele Liebhaber seine Gemählde für des Poulemburgs Arbeit genommen haben. Allein diese Nachahmung, war sie gleich sehr vollkommen, so kostete sie auch dem Haensbergen viele Zeit und

Mühe; denn ihm fehlte die Freyheit und große Fertigkeit des **Poulemburgs**; daher entschloß er sich von seiner Art zu mahlen abzustehen; weil er dabey nicht Geld genug erwerben konnte. Er beschäftigte sich demnach mit Bildnissen, die er nach der Natur auszuarbeiten sich befliß; wodurch er freylich mehreren Vortheil gewann und ebenfalls allgemeinen Beyfall fand.

Sein äuserer Glückszustand wuchs stark, weil er die Klugheit hatte ihn zu befestigen; indem er einen Theil seines Vermögens zum Schildereyenhandel anwendete. Dis geschahe im Haag, welchen Ort er zu seinem Auffenthalte gewählet hatte. Es ereigneten sich auch verschiedene Gelegenheiten, die seinen neuen Handel empor brachten und ihm ein ansehnliches Vermögen erwarben. Auf dieser Art genoß er der Tage seines Lebens nach seinen Wünschen, zufrieden und in stiller Ruhe, bis er den 10ten Januarius des 1705ten Jahres diese Zeitlichkeit verließ. Es ist unterdessen immer sehr zu bedauern, daß die Liebe zur Habsucht, aus einem so geschickten Kopfe, nur einen mittelmäßigen Künstler gebildet hat: Denn **Haensbergen** besaß in der That fast alle die großen Fähigkeiten, die die Natur seinem berühmten Meister, dem **Poulemburg**, geschenket hatte. **Houbracken** giebt von dem ersteren verschiedene Nachrichten; desgleichen auch **Weyermann** und **Decamps** (*).

K 3   No. 35.

(*) 1. *Arnold Houbracken.* Tom. III. Pag. 169.
    2. *Jacob Campo Weyermann.* Tom. III. Pag. 7.
    3. *J. B. Decamps.* Tom. III. Pag. 123.

No. 35.
Johann van der Lys.
Diana mit ihren Nymphen.
Auf Holz gemahlt, 11 Zoll hoch, und 1 Fuß 3 Zoll breit.

In der angenehmsten Gegend hatte sich Diana einen kleinen Bach gewählet, worinn sie sich mit ihren Nymphen zu baden pflegte. Diese schöne Scene hat van der Lys hier ganz artig vorgestellt.

No. 36.
Eine Landschaft.
Auf Holz gemahlt, 10 Zoll hoch, und 1 Fuß 1 Zoll breit.

Zwischen einigen Felsen fließt mit einem sanften Rauschen ein Bach, in welchem sich einige Mädchens gebadet haben, die alle fast ganz nackend vorgestellet sind. Die eine ist vom Rücken an zu sehen. Bey der Zeichnung der Figuren hat der Meister vielen Fleiß angewendet, und sie sind ihm auch recht gut gerahten. Das Colorit ist schön und mit den Felsen, die den Hintergrund machen, in einer angenehmen Verbindung.

Johann van der Lys, auch ein Schüler und Nachahmer des Poulemburgs, ist in der Stadt Breda geboren. Das Jahr seiner Geburt kann

kann man nicht zuverläßig erfahren. Im Colorite hat er freylich nicht das Reitzende, und in der Ausführung nicht das Sanfte von seinem Meister ausgedruckt. Indessen gereicht es ihm zu einen großen Ruhme, daß er in der Zeichnung der Figuren, und was das Kräftige und Warme im Colorite anbetrift, alle Schüler und Nachahmer des Poulemburgs übertroffen hat, wie man aus dem vorhergehenden Stücke augenscheinlich darthun kann. Wann ehe van der Lys sein Leben geendiget habe, dis weiß man nicht gewiß; und weder Houbracken noch Decamps, die seiner doch gedenken (*), melden davon ein Wort.

No. 37.
Daniel Vertange.
Ein Bachanal.

Auf Holz gemahlt, 10 Zoll hoch, und 1 Fuß breit.

Die Landschaft ist sehr schön; und die Staffirung von den Figuren machen einige Bachanten, die mit vieler Kunst ausgeführet sind.

No. 38.

───────────────

(*) 1. Arnold Houbracken. Tom. I. Pag. 159.
    2. J. B. Decamps. Tom. II. Pag. 61.

No. 38.
Satyren und Nymphen.
Auf Holz gemahlt, 11 Zoll hoch, und 1 Fuß 3 Zoll breit.

Die Nymphen und Satyren springen und tanzen. Eine von ihnen wird getragen. Der Hintergrund ist eine angenehme und schöne Landschaft.

No. 39.
Eine Landschaft.
Auf Holz gemahlt, 9 Zoll hoch, und 1 Fuß 1 Zoll breit.

Es sind einige Frauenzimmer, wovon die eine mit einem Satyr tanzet, die Vertange zur Staffirung dieser schönen Landschaft gewählet hat. Die Haltung darinn ist sanft und angenehm, so wie die Luft rauh und kalt, ausgedruckt. Man kann daher aus diesem Bilde nicht sein warmes allgemeines Colorit erkennen. Indessen ist es doch von diesen dreyen das beste, und bleibt immer ein schönes Cabinetstück.

Daniel Vertange, ein Schüler und glücklicher Nachahmer des sonst fast unnachahmlichen **Poulemburgs**, ist im Haag geboren. Der Geschmack seines Meisters war zugleich der seinige, und er liebte ihn besonders in Landschaften mit badenden Frauenzimmern, und in Bachusfesten mit

Nym=

Nymphen und Satyren. Sein Fleiß, mit dem er dergleichen Stücke vorgestellet hat, ließ sie ihm so glücklich gerahten, daß man bey dem ersten Anblick derselben glauben sollte, sie kämen von der Hand eines Poulemburgs. Die Herren Bilderhändler, besonders in Holland, wissen von dieser anscheinenden Irrung auch ihren Vortheil zu ziehen; da sie sich oft die Gemählde des Vertange, für Poulemburgische Arbeit bezahlen lassen. Die Zeit seiner Geburt und seines Absterbens ist unbekannt. Houbracken, Weyermann und Decamps gedenken seiner, aus Mangel mehrerer Nachrichten, nur ganz kurz (*).

No. 40.
Bernhard Graat.
Pandora.

Nakte Figur, Lebensgröße, auf Leinewand gemahlt, 3 Fuß 8 Zoll hoch, und 3 Fuß 4 Zoll breit.

Zur mehreren Verständlichkeit dieses schönen Gemähldes, will ich die Geschichte der Pandora aus der Götterlehre hier kürzlich entlehnen. Wer

---

(*) 1. *Arnold Houbracken.* Tom. I. Pag. 129.
    2. *Jacob Campo Weyermann.* Tom. I. Pag. 343.
    3. *J. B. Decamps.* Tom. II. Pag. 29.

davon weitläuftigere Nachricht begehret, dem werden die unten angeführten Werke sehr brauchbar seyn können (*).

Prometheus, ein Sohn des Japetus und der Climena, stieg, nachdem er die ersten Menschen aus Erde und Wasser gebildet hatte, durch Hülfe der Minerva in den Göttersitz; wagte sich an den Sonnenwagen und entwendete etwas himmlisches Feuer, welches er in den langen Stengel einer gewissen Pflanze nach der Erde brachte, um seine neugebackene Menschen damit zu beleben. Jupiter, der überdem nicht sein Freund war, konnte gegen diesen frechen Streich nicht gleichgültig seyn; und da er auch das Händewerk des Prometheus mit neidischen Augen ansahe; so beschloß er seine Rache zugleich allen Menschen empfinden zu lassen. Er nahm daher eine Büchse und schloß das Alter, die Krankheiten, den Krieg, die Sorgen, die Rechtsverdrehung, die Lästerung, den Neid und Haß, kurz, alle Unvollkommenheiten und Laster, darinn ein. Weil er alle Menschen durch eben denselben unglücklich machen wollte, dem sie das himmlische Feuer in ihrem Blute

---

(*) 1. Dictionnaire de Mythologie. à Paris, 1745. in 8vo. Tome Troisième. Pag. 88. Pandore.

2. Mythologie ou L'histoire des Dieux, par Mr. Dupny. à Paris, 1731. Vol. II. in 8vo. Tom. I. Pag. 280. 281. 282.

3. Dizionario delle Favole in Compendio. in Torino, 1742. in 12mo. Pag. 207. Pandora.

4. Pantheum Mythicum seu fabulosa Deorum Historia, Auctore P. F. Pomey. Francofurti, 1701 in 8vo. Pag. 127.

5. Uitlegaangh op den Metamorphosis Pub. Ovidii Nasonis, door Carel van Mander, Schilder T'Amsterdam, 1616. in 4to. Fol. 2. van Pandora. Die Uebersetzung ist der Sandrartischen Academie einverleibet. Nürnberg, 1679. in Folio. Seite 3. von der Pandora.

6. Neueröfneter Musentempel, welcher das allermerkwürdigste aus den Fabeln der Alten in so ausserlesenen und schönen Kupfern von Bernhard Picart vorstellet. Amsterdam und Leipzig, 1754. in groß Folio. Seite 10. Kupferstich 4.

Blute zu verdanken hatten: So war freylich Kunst nöthig den Prometheus zu betrügen. Was geschahe? Vulcanus mußte eine Frau von Thone bilden und alles anwenden sie bezaubernd darzustellen. Als sie fertig war, rufte Jupiter alle Gottheiten auf den Olympus zusammen und befahl ihnen diese Frau mit den vortreflichsten Gaben auszuschmücken, daher sie auch den Nahmen Pandora bekommen. So herrlich gezieret, sandte sie Jupiter mit dieser schädlichen Büchse nach der Erde, um hier alles Unglück auszustreuen. Sie gieng zuerst damit zum Prometheus und wollte sie ihm überreichen; allein dieser weigerte sich diß Geschenk anzunehmen. Hierauf wendete sie sich an seinen Bruder den Epimetheus. Durch ihre Reize verblendet und verführet, ist dieser unvorsichtig genug, ihr nicht zu widerstehen; sondern nimmt getrost diese schädliche Büchse an, ösnet sie: Und plötzlich fähret alles Unglück heraus und verbreitet sich überall. Nur die Hofnung allein blieb in diesem unglücksvollen Gefäße sitzen.

Bernhard Graat hat in diesem Bilde die Pandora sitzend und fast ganz nackend vorgestellet. Sie hält mit beyden Händen die Büchse. Ihr Gesicht ist seitwärts nach einem mit Lorbern gekrönten Jünglinge gewendet, der aber hier mit kluger Ueberlegung ganz hinten im Schatten angebracht ist, damit das Auge destomehr auf das Colorit der Pandora fallen muß. Ueber ihrer linken Schulter siehet ein Kind, welches ohne Zweifel einen Liebesgott vorstellen soll: Und ich glaube überhaupt daß Graat durch diese Stellung hat ausdrücken wollen, wie sich die Pandora zwischen der Tugend und unkeuschen Liebe befindet, und sich dennoch zur Tugend wendet. In ihrem Gesichte ist ein sehr lebhafter Character abgebildet. Die Haltung und das schöne Colorit sind bewundernswürdige Kunstsachen in diesem Gemählde; und die Zeichnung ist auch edel und schön. Bernhard Graat ist überhaupt ein großer Meister gewesen, dessen Werke die besten Zeugen von seinem glücklichen Genie, lebhaften Einbildungskraft, wohl erlernten Kunst und gründlichen Gelehrsamkeit sind. Er ist Ao. 1628. in Amsterdam geboren; und den 4ten November Ao. 1709. gestorben. Houbracken, Weyermann und Decamps haben sein Leben sehr ausführlich beschrieben (*).

No. 41.
Friederich Moucheron.
Eine Landschaft.

Auf Holz gemahlt, 1 Fuß 4 Zoll hoch, und 1 Fuß 2 Zoll breit.

Daß der Meister in der Wahl der Gegenden, die er in seinen Landschaften vorgestellet hat, einen feinen und angenehmen Geschmack gehabt habe, davon giebt dieses Stück einen sicheren Beweis. Die Klarheit, die er über diesem ganzen Bilde ausgebreitet hat, ist so schön, so heiter und

als

(*) 1. *Arnold Houbracken.* Tom. II. Pag. 200.

2. Jacob Campo Weyermann. Tom. II. Pag. 254.

3. J. B. Decamps. Tom. II. Pag. 411.

angenehm, daß man sie niemahls ohne Bewunderung betrachten kann. Auch das Colorit erweckt Vergnügen; und die Staffirung, die des Beyfalls nicht unwürdig ist, stellt einen vom Pferde abgestiegenen Reuter und einen Jäger, der die Jagdhunde zusammen rufet, sehr deutlich vor. Moucheron hat dieses kleine Gemählde zu der Zeit ausgearbeitet, als sein Genie noch mit der Munterkeit arbeitete, die allemahl, um einen gewissen Grad der Schönheit hervorzubringen, erfordert wird.

No. 42.
Die Gegend eines Gartens.

Als dieser Meister noch in der Blühte seiner Jahre stand, und sich in seiner Kunst erst zu bilden suchte, verfertigte er dieses Stück, das ihm daher freylich nicht so schön, wie das vorhergehende, welches eine Arbeit von seinem männlichen Alter ist, hat gerathen können; da es gleichsam zu seinen Anfangsgründen gehöret. Man bemerket darinn etwas Schüchternes, Zaghaftes und Gesuchtes, das der Freyheit des schönen Denkens allerdings zuwider ist. Die Vorstellung ist eigentlich ein Garten, in welchen einige spatzieren gehen.

Friederich Moucheron, ein Schüler von Aßelyn, ist Ao. 1633. in Emden gebohren. Er hatte in seiner Jugend eine ausnehmend große Neigung zur Mahlerey, und pries sich glücklich; da er ihr, ohne Widerstande seiner Anverwandten, ein Gnüge thun konnte. Mit Lust und Fleiße fing er nun an, Einsichten in seiner Kunst zu sammlen, die er desto glücklicher erreichte; je angelegentlicher er sich darum bewarb. Sein Lehrer hatte ihm von Frankreich viel Vortheilhaftes erzehlt, und diß erweckte bey ihm ein großes Verlangen, dieses Land zu sehen. Er unternahm daher diese Reise, und wendete sich nach Paris. Hier beschäftigte er sich mit der Zeichnung schöner Gegenden, die er nach der Natur voll Beyfalls und Lobes, abriß. Sein Ruhm erweiterte sich immer mehr, so, daß ein jeder Liebhaber der Mahlerey, etwas von seiner Arbeit zu haben, trachtete. Ein gewisser **Helmbreker** hat sehr oft die Figuren, die Thiere und Jagdten, in seinen Landschaften gemahlet. Nachdem sich **Moucheron** einige Jahre in Frankreich aufgehalten; und durch den Umgang mit vielen angesehenen Künstlern seine Geschicklichkeit bereichert hatte; auch mit einer schmeichelnden Zufriedenheit den Beyfall wahrgenommen, mit dem man seine Werke krönete: So entschloß er sich, der Ehre und des Vergnügens, derer er dort genossen, beraubt zu sehen und sich nach Amsterdam zu wenden. Hier nahm man ihn überall mit vielen Freuden auf; und sollte er wohl ohne süßem Gefühle geblieben seyn; da er noch dazu seine Gemählde für einen hohen Preis bezahlt sahe? Die Bekanntschaft mit dem **Adrian van der Velden**, die er hier fand, mußte ihm auch nothwendig sehr angenehm seyn; da dieser ihm die Dienste eines **Helmbrekers** leistete, und in seinen Landschaften die Figuren und Thiere mahlete. Außer den persönlichen Verdiensten, die **Moucheron** besaß, und die seinem Andenken einen rühmlichen Ruf verschaffen würden, wenn man sie alle hersagen wollte, ist er auch noch unter dem

Nah=

Nahmen eines berühmten Mannes in seiner Kunst bekannt. Colorit und Zeichnung der Bäume sind in seinen Bildern sehr schön und angenehm. Der Baumschlag ist leicht und mit vieler Wahrheit ausgedrückt; und die Luft und die Entfernungen warm, sehr klar und anmuthig. Man findet in seinen Gemählden fast immer einen Fluß, oder einen Bach. Vielleicht hat er sie darum so häufig angebracht, weil er sie so schön ausdrücken konnte. Den Vordergründen gab er beständig eine starke Haltung. Ein sehr vortrefliches Stück vom Moucheron, siehet man in des Herrn Daniel Itzig Sammlung von einigen sehr schönen Gemählden (*). In Holland und anderen Ländern, wo schöne Cabinetter angelegt sind, findet man von diesem Meister auch einige seiner Werke. Er hat seine Tage, die er mit vielem Ruhme verlebet, in Amsterdam Ao. 1686. geendiget. Houbracken, Decamps und der Herr von Hagedorn haben von diesem geschickten Landschafter Nachricht gegeben (**).

No. 43.

(*) Die Vorstellung ist eine angenehme Gegend, welche ein Schloß in einen Busch hat. Vor dem Schlosse ist ein Teich. Die Staffirung ist vom Helmbreker und stellt vor, wie die Herrschaft auf die Jagd gehet. Es ist auf Leinewand gemahlt.

(**) 1. *Arnold Houbraken.* Tom. Second. Pag. 327.
    2. J. B. Decamps. Tom. Second. Pag. 327.

No. 43.
Melchior Hondekoeter.
Ein Stillliegen von Vögeln.

Auf Leinewand gemahlt, 1 Fuß 4 Zoll hoch, und 1 Fuß 2 Zoll breit.

Der Reyer und die Schneppe, nebst andern todten Vögeln sind überaus schön vorgestellet, so, wie überhaupt dieses kleine Gemählde mit dem allergrößestem Fleiße und vortreflicher Kunst ausgeführet ist. Hondekoeter hat in dieser Art Vorstellungen eine ausnehmende Geschicklichkeit; und bis itzt kennet man noch nicht seines Gleichen. Vornemlich sind seine lebendigen Hüner und Häne wahre Meisterstücke, die er so deutlich und lebhaft nach der Natur gemahlt hat, daß man diese schöne Nachahmung mit Bewunderung und Entzücken wahrnimmt. Sein Colorit ist voll Anmuth; und die Federn sind leicht und schön ausgearbeitet. Er hat seine Gemählde mehrentheils mit angenehmen Hintergründen: Als z. E. mit Landschaften gezieret, die allezeit mit dem Uebrigen in harmonischer Verbindung stehen. Der Herr Johann Ernst Gotzkowsky in Berlin hat ohnstreitig drey der besten Gemählde von diesem Meister (*)

Melchior

(*) 1. Einige todte Vögel und Blumen. Auf Leinewand gemahlt, 3 Fuß 1 Zoll hoch, und 3 Fuß 1 Zoll breit.

2. Zween Pfauen, für die ein Hahn im Eifer gesetzt wird die Hüner in Furcht. Auf Leinewand gemahlt, 3 Fuß 10 Zoll hoch, und 5 Fuß 1 Zoll breit.

3. Ein schöner Hahn, der auf ein Kleinod tritt, eine weiße Henne nebst andern Hünern. Auf Leinewand gemahlt, 3 Fuß 1 Zoll hoch und 3 Fuß 10 Zoll breit.

Diese drey Gemählde haben ehedem die Sammlung der Herren Gebrudere de Neufville in Amsterdam gezieret.

Melchior Hondekoeter ist in Utrecht Ao. 1636. geboren. Er war ein Schüler seines Vaters Gisbrecht Hondekoeter, unter dessen Aufsicht und Anführung er bis in seinem 17ten Jahre sehr fleißig arbeitete. Das im Jahre 1653. erfolgte Absterben seines Vaters verursachte, daß er blos die Natur, deren Unterricht er immer geliebet hatte, zu seiner Lehrerin nehmen konnte; und vielleicht war ihm dieser Mangel an andern Lehrmeistern sehr vortheilhaft. Weeninx, der ein Anverwandter von ihm war, unterstützte ihn hiernächst mit seinem guten Rath. Hondekoeter übertraf in kurzer Zeit seinen Vater, ob er sich gleich mit noch andern Sachen beschäftigte. Seine Tugend war ohne Heucheley und Scheinheiligkeit. Für die Religion bezeigte er die größeste Ehrfurcht; und um ihre Wahrheiten recht deutlich und gründlich einzusehen, machte er dagegen oft selbst Einwürfe, die er dann mit kluger Einsicht über den Haufen stieß. Er war überhaupt für alles das, wodurch die Erbauung befördert werden kann, sehr eingenommen; und vielleicht ist dis mit eine Ursach, warum er in Utrecht und zwar in der Johanniskirche geprediget hat. Seine Rede, die er mit großer Lebhaftigkeit hielt, fand einen so hohen Beyfall, daß man ihm überreden wollte, die Mahlerey fahren zu lassen und sich der Theologie zu widmen; allein dieser Wunsch und dis Verlangen seiner Bekannten und Freunde ward von ihm nicht erfüllt.

Sollte man nun wohl glauben, daß ein Mann, der so groß in sich selbst war, der sich ganz in seine Tugend hüllete und ein frommes exemplarisches Leben führete, sich den sündlichen Ausschweifungen ganz hätte übergeben können? Und wodurch fiel er denn so stark von seiner Höhe herunter?

Waren es etwa Verführungen oder Aergernisse, die ihn so erniedrigten? Ja Aergernisse, gegen welche freylich mächtige Waffen gebraucht werden müssen, wenn sie nicht gefährliche Netze seyn sollen; Aergernisse, die von der siegenden List der Frauenzimmer bereitet, starke Eindrücke in den Herzen der Menschen unwiederstehlich würken. Hondekoeter sahe sich durch die Heirath, die er mit einer liederlichen Person eingegangen war, betrogen. Ihre Schwestern, die von den Lastern eben so sehr, wie sie selbst, angestecket waren, halfen dieser Abscheulichen den Gram ihres Mannes zu verbittern. Eine kriechende Bemühung! die leider auch damahls schon herrschend gewesen seyn muß. Ist es überhaupt eine vernunftlose, lächerliche, aber doch auch wahrhaftig kühne Handlung eines Frauenzimmers, wenn sie sich, in Absicht auf das andere Geschlecht, allzuviele Vorrechte zuschreibt; und dann voll Stolzes und Uebermuth ihr Betragen pflicht= und zügellos einrichtet: So ist es in der That ein tollkühnes und bestrafungswürdiges Unternehmen, wenn in der ehelichen Gesellschaft die Gattin den theuren Gatten, als das Haupt derselben, dem Gott selbst dieses schöne Vorrecht gegeben, unter ihre Herrschaft zu bringen sucht. Hondekoeter seufzete unter dieser großen Last. Zwar wandte er viele Mühe an, alle Ungewitter, als Früchte seiner Sclaverey, von sich abzuwenden; und redete daher, mit der ihm eigenen muntern Beredsamkeit, schöne und geistreiche Worte in den Seelen derer, die sein bisher zufriedenes und vergnügtes Leben, denn der Rechtschaffene findet in der Ausübung der Tugend seine größeste Wollust, menschenfeindlich und gottlos stöhren wollten: Allein helfen da wohl die besten und ausgesuchtesten Vorstellungen, wo der Saame der Laster einmahl tief gewurzelt hat? Also fand dieser geplagte Mann keine andere Hülfe und Ruhe, als sich von die=
sen

sen Unmenschen zu entfernen; und nun stürzte er sich in einen schädlichen Verderben; da er zu verschiedenen Wirthshäusern, in welchen Gottesfurcht und gute Sitten schon vorlängst leere Nahmen gewesen waren, seine Zuflucht nahm. Sein edelgesinntes Herz, das doch noch nicht ganz heillos verwildert war, empfand nachher noch in der Stille den bittersten Gram: Und dieser Feind des Lebens sowol, als auch die Ausschweiffungen verkürzeten, vielleicht zu seinem Troste, seine unglücklichen Tage, die er Ao. 1695. in Utrecht endigte.

Hondekoeter wandte alle Mittel an, sich in seiner Kunst und vornehmlich in der Art, die er sich davon gewählet hatte, von einer großen Seite zu zeigen. Er hielt sich daher auch schönes lebendiges Federvieh, um in seinen Gemählden das Natürliche davon recht lebhaft und reitzend auszudrücken. Einen seiner Hähne hatte er so zahm und biegsam gewöhnet, daß er ihm halbe und ganze Stunden zum Muster stand, und sich mit dem Mahlerstocke in allen den Stellungen lenken ließ, in welchen ihn der Meister haben wollte. Dergleichen schöne Erfindungen und Hülfsmittel, deren er sich bey Verfertigung seiner Werke bediente, trugen nicht wenig zu der Vollkommenheit bey, in welcher er sie dargestellet hat. Die Künstler und Kenner haben ihn daher auch jederzeit in seiner Art hochgeschätzt und bewundert, weil keiner hierinn die Natur mit so vieler Kunst, Schönheit und Wahrheit nachgeahmet hat. Muß ein Liebhaber daher auch seine Gemählde theuer bezahlen; so hat er auch dafür wahre Meisterstücke. Houbracken,

ken, Weyermann, Dargenville und J. B. Decamps haben sein Leben beschrieben (*).

No. 44.
Heymann Dullaert.
Eine geistliche Vorstellung.

<small>Ganze Figuren, auf Holz gemahlt, 1 Fuß 7 Zoll hoch, und 1 Fuß breit.</small>

Die Hauptfigur ist die Maria mit dem Kinde Jesus. Hinterwärts siehet man den Joseph an einem Stücke Holz zimmern. Dieses ist eins der ersten Stücke, welche dieser Meister verfertiget hat: Denn man entdecket darinn, daß er noch sein Muster in der Nachahmung gesucht habe; und daß seine Fertigkeit noch keine lange Uebung kenne. Es ist jemand so unverschämt gewesen, auf diesem Gemählde den Nahmen des Rembrandt zu setzen; allein der Unterschied ist so merklich, daß man ihn mit halben Augen gewahr werden kann. Unterdessen habe ich Bilder von Dullaert sei-

---

(*) 1. *Arnold Houbracken.* Tom. II. Pag. 68.

    2. Jacob Campo Weyermann. Tweede Deel. Pag. 387.

    3. Supplement à l'Abrégé de la Vie des plus Fameux Peintres, par Mr. D'argenville. À Paris, 1752. in 4to. Troisième Partie. Pag. 141.

    4. J. B. Decamps. Tome Troisième. Pag. 44.

seiner besten Zeit gesehen, die Rembrandts Arbeiten gleich gekommen; und die den Liebhaber und Kenner aufmerksam, ja wohl gar verlegen bey der Beurtheilung würden gemacht haben. Man findet auch vielfältig in Gallerien und Sammlungen Gemählde vom **Dullaert**, die für Rembrandts gehalten und bezahlet werden. Ja was noch mehr, Houbracken und Weyermann, die sein Leben beschrieben haben (*), gestehen offenherzig, daß sie sich selbsten geirret, und einige Werke des ersteren für des letztern seine, angesehen haben. Welch ein Ruhm für Dullaert!

Er ist in Rotterdam Ao. 1636. geboren. Von seiner Kindheit an ließ er ein großes und lebhaftes Genie zur Mahlerey von sich blicken; und beschmierte im Hause seiner Eltern die Wände mit allerhand Figuren, in denen man aber doch etwas mehreres als gemeine Züge eines Kindes, bemerkte. So zeigt sich oft schon in der Blüthe der Jugend die ganze zu erwartende Frucht. **Dullaerts** Vater, der ein Kaufmann und zugleich auch ein Bilderhändler war, sahe mit Lust und Vergnügen die große Neigung seines Sohnes zur Mahlerey; und versäumte daher weder Zeit noch Gelegenheit, ihm einen guten Unterricht zu verschaffen. Rembrandt ward zu seinem Anführer und Lehrmeister erwählet. Der Schüler brachte es in kurzer Zeit, sowol im Zeichnen als auch im Mahlen, unbegreiflich weit; und band sich genau an die Art und dem Geschmacke seines Meisters, der selbst

M 3   über

(*) 1. *Arnold Houbracken.* Tom. II. Pag. 78.
   2. Jacob Campo Weyermann. Tom. II. Pag. 389.

über die großen Vortheile, die er sich durch Fleiß und Unverdrossenheit erwarb, in steter Verwunderung gesetzet ward.

Dullaert hatte überhaupt eine sehr gute Erziehung gehabt; und es auch in der Musik sehr weit gebracht. Besonders war er ein schöner Sänger, der durch seine angenehme Stimme sanfte und melodiereiche Töne hervorzubringen wußte. Decamps meldet, daß er den 6ten May Ao. 1684. gestorben sey(*).

No. 45.
Johann Steen.
Ein verliebter alter Mann.
Ganze Figuren, auf Holz gemahlt, 1 Fuß hoch, und 1 Fuß 9 Zoll breit.

So schmachtend und entzückungsvoll, aber auch eben so läppisch und belachenswerth, wie sich gemeiniglich die Alten, wenn sie von der Liebe überwunden sind, gegen ihre Schöne bezeigen, welche Scene da sie in unsern Tagen häufig aufgeführet wird in der That lustig anzusehen ist: So natürlich ist dieser Character des hier abgebildeten Greises ausgedruckt. Er sitzt voll warmer Empfindung neben seiner Anbeterinn, die in keiner wohlanständigen Stellung vorgestellet ist; und ist im Begrif Ihr Geld in der Hand zu zählen. Zwischen

(*) J. B. Decamps. Tom. III. Pag. 47.

schen diesen beyden stehet eine Kuplerinn, die dem Frauenzimmer den Busen entblössen will, worüber der alte geile Schalk, dem seine lange Erfahrung wenigstens schon klüger und gesitteter hätte machen sollen, jugendliche Empfindungen zu haben, scheinet. Man kann nicht läugnen, daß der Meister hier unedel und lasterhaft gedacht, und folglich wider die Regel der ästhetischen Würde im schönen Denken gehandelt habe. Unterdeßen verdienet die Kunst, mit der er es ausgeführet hat, Beyfall; da er in der Haltung und Zeichnung viel Geschicklichkeit bewiesen hat.

No. 46.
Eine Gesellschaft.

Es sind nur drey, die diese Gesellschaft ausmachen. Sie sitzen an einem Tische und zween davon machen Musik. Das Colorit und die Haltung in den Farben sind in diesem Bilde recht gut.

Johann Steen, ward Ao. 1636. in Leyden geboren. Sein Vater war ein Brauer, der dem Trieb seines Sohnes, den er zur Mahlerey hatte, so wenig zu unterdrücken suchte, daß er ihn vielmehr des Knüpfers, des Adrian Brauers und des van Goyen Anweisungen übergab. Nach einiger Zeit verheirathete sich Johann Steen mit der Tochter seines letzteren Lehrers, des van Goyen. Er lebte beständig vergnügt, liebte Gesell-

schaften

schaften und war überhaupt ein munterer und aufgeweckter Kopf. Man kann daher leicht urtheilen, daß er sich keine finstere Gegenstände bey seinen Mahlerbeschäftigungen gedacht habe. Nein, betrunkene Leute und Wirthshäuser, in welchen es hübsch lustig hergieng, diese und dergleichen vorzustellen, waren nur seiner Neigung gemäß, und daher hat er sie auch so natürlich und lebhaft geschildert, daß ihm bis itzt noch Niemand darinn gleich gekommen ist. Hatte er Geld, so miethete er im Sommer gemeiniglich ein Wirthshaus, ward selbst Wirth und schenkte Bier, besonders an seinen guten Freunden, die sich dann in ziemlich großer Anzahl bey ihm einfanden; weil sie die Zeche, der er treulich und männlich vorstand, beynahe umsonst hatten. Sobald das Geld und der Vorrath an Bier verzehret war, zog Steen das Zeichen seines Wirthshauses ein, verschloß alles feste und fing wieder zu mahlen an, bis er so viel Geld verdienet hatte, daß er aufs neue Wirth seyn konnte.

Eheberedungen hat dieser Meister einigemahl auf verschiedene Art, in seinen Gemählden, ausgedruckt. Das schönste Stück dieser Vorstellungen habe ich in der vortreflichen Gallerie zu Salzdalen, ohnweit Braunschweig, gesehen. Es ist größer wie sonst des Steens Gemählde zu seyn pflegen. Seine übrigen Werke zieren die schönsten und berühmtesten Sammlungen. Houbracken und Decamps melden, daß er Ao. 1689. gestorben sey (*). Man hat

---

(*) 1. *Arnold Houbracken.* Tom. *III.* Pag. 12.
2. *J. B. Decamps.* Tom. *III.* Pag. 26.

hat sehr wenige Kupferstiche, die nach seinen Gemählden gestochen sind. Die Handzeichnungen von ihm haben die Liebhaber allezeit sehr hochgeschätzet.

No. 47.
J. A. Buck.
Ein Officier, der sich in einem Bauerhause einquartieret hat.

Ganze Figuren, auf Leinewand gemahlt, 2 Fuß 3 Zoll hoch, und 2 Fuß 10 Zoll breit.

Die Vorstellung ist eigentlich das Innere eines Bauerhauses, in welchem ein Officier sitzt und eine Pfeife Taback raucht. Neben ihm stehet ein hübsches Frauenzimmer, vielleicht seine gefällige Wirthinn, die ihre Hand, ohnzweifel bedeutungsvoll, auf seine Schulter leget, für welche Galanterie er ihr auch einen freundlichen und verliebten Blick macht. Um ihn herum sind einige Waffen; und an der einen Seite der Stube liegen zween ermüdete Kriegesknechte, die sehr sanft zu schlafen scheinen. Alle diese mannigfaltige Gegenstände, wozu noch ein Windhund kommt, den man ebenfalls ganz deutlich auf diesem Gemählde sehen kann, sind in einer angenehmen Haltung mit großen Fleiße ausgemahlt. Die Zeichnung sowol der Haupt-

Hauptfiguren, als auch aller übrigen erzählten Nebensachen ist sehr schön; und es ist warlich Schade, daß das Colorit ein wenig kalt ist; indem es zu stark in das Aschfarbige fällt. Jedoch sind viele andere Schönheiten der Kunst in diesem Stücke angebracht, die es einer Achtung würdig machen. Der Geschmack des Palamedes; der Fleiß eines Mieris und Gerard Dovs, denen Buck in diesem Gemählde sorgfältig gefolget ist; und seine Nachahmung in der Zeichnungsart des Gerard Teerbourgs, tragen sehr viel zur Verschönerung dieses Bildes bey.

Ein solcher geschickter Meister wie Buck also gewesen ist, verdiente dann freylich wol, daß man von seinem Leben einige Umstände meldete, wodurch sehr gut, wenn man unparteiisch dabey verfährt, das Andenken eines berühmten Mannes ehrwürdig erhalten werden kann. Allein ich bin selbst unwillig, daß ich ihm diesen Dienst nicht leisten kann; da ich, trotz aller angewandten Mühe; nicht die geringste Nachricht von ihm erfahren können. Nach einer nicht ganz ungegründeten Vermuthung glaube ich, daß er im vorigen Jahrhundert gelebet hat, und daß die Herren Bilderhändler den auf seinen Werken geschriebenen Nahmen ausgelöschet, und sie alsdann für Gemählde vom le Duck und Palamedes verkauft haben. Es können daher wol verschiedene Cabinetter seyn, in welchen dieses geschickten Meisters Gemählde unter andern Nahmen aufbehalten werden. Auf diesem Bilde ist sein Nahme sehr deutlich geschrieben. Die Buchstaben J. A. B. sind in einem Zuge gebracht, und folglich kann man dieses Stück im geringsten nicht mit den Arbeiten der beyden le Duck verwechseln. Wenn Buck in allen seinen Gemählden so viele Schönheiten angebracht, als er es in diesem beschriebenen gethan: So würden sie mir eben so schätzbar seyn, als hätte sie ein le Duck verfertiget.

Außer diesem Bilde habe ich nur noch zwey von ihm gesehen. Das eine besitzen Ihro Hochreichsgräfliche Excellenz, Heinrich IX. Graf von Reuß (*); und das andere hat Herr Engel in Berlin (**). Vielleicht habe ich künftig noch Gelegenheit mehrere Stücke von diesem Meister zu entdecken.

No. 48.
Carl de Moor.
Ein Opfer an der Bildsäule des Priapus.

Ganze Figuren, auf Holz gemahlt, 11 Zoll hoch, und 1 Fuß 1 Zoll breit.

Priapus, ein Sohn des Bachus und der Venus, wurde in alten Zeiten, von den am Hellespont wohnenden Völkern, als ein Schutzgott der Gärten angenommen; daher man ihm zu Ehren auch fast in allen Gärten, eine Bildsäule aufgerichtet hatte. Man kann hievon bey folgenden Schrift-
stel-

(*) Die Vorstellung ist eine Wachstube, in welcher spanisch gekleidete Soldaten sitzen. Ganze Figuren, auf Holz gemahlt, 1 Fuß 1 Zoll hoch, und 1 Fuß 6 Zoll breit.

(**) Es ist ein Officier und ein Frauenzimmer, nebst verschiedenen anderen Nebensachen: Als Kriegsgeräthen, u. eine weiße und grüne Fahne, darauf abgebildet. Auf Leinwand gemahlt, von der Größe des ihr beschriebenen.

stellern (*) ausführliche Nachricht finden. Weil dieser Priapus nun überhaupt als ein Gott der Fruchtbarkeit angesehen und verehret wurde: So opferten die Frauenzimmer von hohem Stande sehr oft dieser Gottheit, um ihre eigene Fruchtbarkeit dadurch von ihm zu erstehen. Diese Gewohnheit hat Carl de Moor hier in diesem Bilde vorgestellet. Zwo Frauenzimmer bethen kniend und mit der tiefsten Ehrfurcht die Bildsäule des Priapus an, die von einigen andern Mädchens mit Blumen ausgezieret wird. Die Affecten sind ausnehmend schön in diesen beyden Frauenzimmern ausgedruckt. Eine davon hat ein edles und majestätisches Ansehen. Die Composition hat viele vorzügliche Schönheiten; und die Ausführung zeuget von des Meisters anstrengendem Fleiße und geübtem meisterhaften Pinsel. Da Carl de Moor fast nichts als Altarblätter, oder doch große Gemählde verfertiget hat: So sind seine kleine Cabinet-Stücke unschätzbar. Will man also zur Zierde seiner Bildergallerie dergleichen kleine Gemählde, die lauter mythologische Vorstellungen enthalten, gern haben; so wird man sie gewiß mit einer großen Summe erkaufen müssen.

Carl

(*) 1. Le Imagini de i Dei de gli Antichi, da Vicenzo Cartari, in Lione 1581. in 8vo. Pag. 163. Edition in 4to. Padoa. 1698. Pag. 185.

2. Dizionario delle Favole in Compendio, in Turino. 1742. in 12mo. Pag. 222.

3. Pantheum Mythicum. Auctore P. Francisco Pomey. Francofurti 1701 in 8. Priapus, Pag. 164. und Dii Nuptiales. Pag. 224. In der Edition, die zu Leipzig ist herausgekommen, sind eben die Seiten.

4. Dictionaire de Mythologie, par L'Abbe Declaustre. à Paris, 1745. Trois Tom. in 8vo. Tome Troisième. Priape. Pag. 223.

5. Dictionaire Iconologique, par M. D. P. à Gotha 1758. in 8vo. Priape. Pag. 225.

6. Iconologia Deorum, oder Abbildung der Götter, welche von den Alten verehret werden, geschrieben von Joachim von Sandrart auf Stockau. Nürnberg 1680. in Folio. Seite 155. und Seite 156. des Priapus Bildsäule und Opfer.

Carl de Moor ward Anno 1656. in Leyden geboren. Gerard Dov, Abraham van den Tempel, Mieris und G. Scalken gaben ihm in der Mahlerey den besten und gründlichsten Unterricht. Er hat aller dieser vier berühmter Meister Art im Mahlen etwas beybehalten, wovon man in diesem Stücke einen augenscheinlichen Beweis hat. Carl de Moor aber hatte mehr Genie zu großen Sachen: Als z. E. zu Bildnissen, die er nach dem Leben verfertiget hat. Der Kayser verlangte von ihm durch seinen Gesandten, den Grafen von Sinzendorf, daß er den Prinzen Eugen und den Herzog von Marlborugh mahlen sollte. De Moor leistete des Kaysers Verlangen Gehorsam; und mahlte nicht allein diese beyden zu Pferde auf Leinewand vier Fuß hoch; sondern auch den Gesandten selbst; und überschickte dem Kayser diese drey Stücke. So bald dieser sie in Augenschein genommen hatte, begnadigte er sie mit seinem Beyfalle; übersendete dem Carl de Moor einen Adelbrief, daß er ihn nehmlich zum Ritter des Römischen Reichs erhoben habe, und zugleich eine goldene Gedächtnißmünze, nebst einer goldenen Kette, welches zusammen vier Markt am Gewicht schwer gewesen seyn soll. Alle diese große Ehrenbezeugungen machten dem Carl de Moor ausnehmend viel Freude und Vergnügen; und er hat auch überhaupt als Künstler bis an seinem Tode eine große und ansehnliche Rolle gespielet. Er starb Ao. 1738. den 16 Februarius im 82sten Jahre seines Alters auf einem Landgute, Warmont genannt, wo er sich aus Liebe zum Landleben, das er besonders in seinen letzten Jahren sehr hoch schätzte, aufhielt. Er hat zu seinem Vergnügen verschiedene Kupfer in schwarzer Kunst verfertiget. J. van Gool giebt eine ausführliche Nachricht von

102

diesem Ritter Carl de Moor (*). Remy beschreibt einige seiner Gemählde (**); und Decamps erwehnet seiner auch (***).

No. 49. und No. 50.
Rachel Ruisch.
Zwey Frucht-Stücke.

Auf Leinewand gemahlt, 1 Fuß 10 Zoll hoch, und 1 Fuß 5 Zoll breit.

Fleiß und Kunst sind in diesen beyden Gemählden überhaupt glücklich angewendet; und die Natur der Früchte ist recht sehr schön nachgeahmet: Denn die Weintrauben, Apricosen, Feigen, Pflaumen, Appelsinen, nebst einigen wenigen Blumen stellen sich so natürlich und schön dem Auge dar, daß man sie nicht ohne Vergnügen und Bewunderung betrach-

---

(*) De Nieuwe Schouburgh der Nederlantsche Konst-Schilders, door Johann van Gool, in 's Gravenhage, 1751. in 400. Tweede Deel. Pag. 422.

(**) Catalogue Raisonné des Tableaux, par Pierre Remy. à Paris 1757. in 8vo. No. 55. Pag. 44.

(***) La Vie des Peintres Flamands, par J. B. Decamps. à Paris, 1760. in 8vo. Tome Troisième, Pag. 308.

trachten kann. Da es nicht allemahl möglich ist, Gemählde dieser Art von dem göttlichen und bis itzt noch nie übertroffenen De Heem zu haben, wenn man sie gleich mit großen Summen bezahlen wollte: So wird ein Liebhaber der Mahlerey sehr wohl thun, wenn er sich einige Stücke von dieser Meisterinn anzuschaffen sucht, da sie würdig genug sind einen Platz in dem schönsten Cabinette zu bekleiden. Diese beyden Bilder von ihr werden besonders von Kennern und Liebhabern Beyfall erhalten.

Rachel Pool, geborne Ruisch, eine Professors Tochter, ist Ao. 1664. in Amsterdam geboren. Wilhelm van Aelst ist anfänglich ihr Lehrmeister gewesen; und hernach hat sie sich mit einem unermüdeten Fleiße nach der Natur geübet. Ao. 1695. verehlichte sie sich mit einem Bildnißmahler, Jurian Pool, genannt. Sie erwarb sich durch ihre Arbeiten vielen Ruhm und großen Beyfall. Der Churfürst von der Pfalz berief sie im Jahre 1708. nach Düsseldorf, und gab ihr eine ansehnliche Besoldung. Nach einigen Jahren kehrete sie aber wieder nach Amsterdam zurück; wo sie dann auch Ao. 1750. gestorben ist. Johann van Gool beschreibt ihr Leben sehr ausführlich; und da sie als Künstlerinn vorzügliche Achtung verdienet, so erhebt er ihren Ruhm um desto mehr (*).

No. 51.

(*) De Nieuwe Schouburgh, door Johann van Gool. Eerste Deel. Pag. 210-134.

No. 51.

Cornelius Dusart.

Eine Bauern=Gesellschaft.

Auf Holz gemahlt, 1 Fuß 2 Zoll hoch, und 1 Fuß 7 Zoll breit.

Die verschiedenen Beschäftigungen dieser Bauern und ihr heiteres Vergnügen, das sie dabey empfinden, sind in diesem Stücke sehr schön ausgedruckt. Colorit und Haltung verdienen auch Beyfall. Dusarts fließender und fleißiger Pinsel hat zuweilen Gemählde hervorgebracht, die so schön sind, als hätte sie ein Ostade verfertiget. Und da dieses Mannes Werke, wie bekannt ist, so rar sind, daß die Liebhaber derselben sie nicht allein mit entsetzlich großen Summen bezahlen müssen, wenn ihnen einmahl eins davon vorkommt; sondern man auch selten, wollte man gleich keinen Preis achten, von ihm ein Gemählde bekommen kann: So thut man wohl, wenn man sich von seinem Schüler, dem Dusart, eins anzuschaffen sucht, der ihm sehr glücklich nachgeahmet hat.

Er ist in Haarlem Ao. 1665. geboren; und hat in kurzer Zeit durch seinen großen Fleiß, und durch seine gründlichen Einsichten viel Fertigkeit in seiner Kunst erlangt. Er folgte in allen Stücken seinem Meister, auch so gar in dessen Vorstellungsarten; daher siehet man von ihm nichts als betrunkene Bauern, Hochzeiten, Schlägereien, Zahnärzte, Taschenspieler u. d. g. Es ist aber wahrhaftig zu bedauren, daß einige Meister, denen man sonst viele Verdienste in ihrer Kunst zugestehen muß, sich nicht mit würdigeren Gegenständen

den beſchäftiget haben. Sie würden ohnfehlbar hierinn eben ſo große Geſchicklichkeit bewieſen haben, als ſie es in ihren kleineren und niedrigeren Vorſtellungen gethan. Düſart war ein ſehr kränklicher Mann; beſonders hatte er übele Zufälle an der Bruſt, die denn auch ſeine Lebenstage verkürzeten; denn er ſtarb ſchon Ao. 1704. Van Gool beſchreibt ſein Leben (*).

No. 52. und No. 53.
Johann Ten Compe.
Zween Proſpecte von der Stadt Amſterdam.

Auf keinewand gemahlt, 1 Fuß 7 Zoll hoch, und 1 Fuß 10 Zoll breit.

In dieſen beyden Stücken herſcht viel Wahrheit, Kunſt und Fleiß, ohne daß ſie ins Harte fallen. Das Colorit iſt in der ſchönſten Haltung. Die Werke des Ten Compe verdienen ſogleich nach des Johann van der Heyden und Gerhard Berkheiden ihren Arbeiten, den Rang: Denn ich habe in Holland von dem erſteren, Gemählde von großer Schönheit geſehen. Der Herr Leander de Neuffville hat eins ſeiner ſchönſten Stücke,

---

(*) De Nieuwe Schouburgh der Nederlandſche Konſt-Schilders, door Johann van Gool, in 's Gravenhagen, 1751. in 8vo. Tweede Deel. Pag. 457. Es ſind ſehr ſchöne Kupfer in dieſem Werke.

Stücke (*), worinn Dieterich die Figuren, einem Liebhaber zu Gefallen, der ehedem Besitzer von diesem Gemählde gewesen ist, verfertiget hat, wodurch dieses Bild einen großen Werth beköммt. Remy beschreibt dieses Gemählde (**); und N. du Four hat es in Paris in Kupfer gestochen. Die ersten Abdrücke sind mit dem Wapen des Herrn von Heinecken; und die übrigen mit dem Nahmen des Herrn Johann Ernst Gotzkowsky gezeichnet.

Johann van Gool hat von diesem Künstler Nachricht gegeben (***). Er ward in Amsterdam Ao. 1713. geboren; und empfing vom Dirk van Daelen den ersten Unterricht; wiewohl er sich hernach mehrentheils durch seinen Fleiß bildete; indem er, theils die Werke des Johann van der Heyden und Gerhard Berkheiden mit Aufmerksamkeit und Ueberlegung copirete; theils der Natur nachzuahmen suchte, worinn er auch sehr glücklich gewesen; da er die mannigfaltigen und verschiedenen Effecte, nachdem er sie seiner Einbildungskraft lebhaft einprägte, ungemein schön geschildert hat. Konnte er sich nun auch nicht den allgemeinen Beyfall der Welt versprechen? Ja, er empfand auch diese herrliche Belohnung, da ihm die Liebhaber schöner Kunstsachen, seine Arbeiten reichlich bezahleten. Er ist ganz Holland durchgereiset und hat fast alle schöne Gegenden dieser Provinz vorgestellet,

in

(*) Die Stadt Cleve mit den umliegenden Gegenden. Auf Holz gemahlt, 1 Fuß 11 Zoll hoch, und 2 Fuß 7 Zoll breit.

(**) Catalogus Raisonné de Tableaux, par Pierre Remy. à Paris, 1757. in 8vo. Pag. 75. No. 101.

(***) De Nieuwe Schouwburgh der Nederlantsche Konst-Schilders, door Johann van Gool, in 's Gravenhage, 1751. in 8vo. Tweede Deel. Pag. 364.

in welcher auch die mehresten Cabinetter mit seinen Gemählden gezieret sind. Das Jahr seines Absterbens ist bis itzt noch unbekannt.

No. 54. und No. 55.
Fargues.
Zween Prospecte: Eine von Delft, und die andere vom Haag.

<small>Auf Holz gemahlet, 1 Fuß 9 Zoll hoch, und 2 Fuß 2 Zoll breit.</small>

In dem Prospect von einer Gegend in der Stadt Delft, hat Fargues eine Kirche gesetzt. Das andere Stück stellt die Scheewelingsche Brücke im Haag vor.

Dieser neue Meister, der ohnzweifel gar nicht bekannt seyn muß, weil noch niemand von ihm Anzeige gethan hat, befleißiget sich in dem Geschmacke des van der Heyden zu mahlen. Man findet in seinen Gemählden schon viel gutes; ob sie gleich freylich mit den Arbeiten seines Musters, des van der Heyden, in keine Vergleichung gesetzet werden können. Johann Compe und de Bayer sind ihm, nach diesen beyden Gemählden, noch vorzuziehen. Der Herr Geheimde Finanz= und Kriegesrath Schultzer in Berlin, hat auch in seiner Sammlung zwey kleine Stücke vom

108

Fargues (*), die, wenn sie gleich keine Meisterstücke sind, dennoch einen Platz in einem Cabinette verdienen; da das Colorit darinn von vorzüglicher Wärme, die Perspective auch gut und die Beleuchtung voll Wahrheit ist.

(*) Diese beyden kleinen Gemählde stellen den Brückenzoll zwischen Haag und Delft vor. Sie sind 10 Zoll hoch und 14 Zoll breit.

No. 56.

No. 56. und No. 57.
Renier de Vries.
Zwo Landschaften.
Auf Holz gemahlt, 1 Fuß 3 Zoll hoch, und 1 Fuß 8 Zoll breit.

Die Staffirung der ersten Landschaft ist ein Reuter, neben welchem ein Bauer und ein Hund stehet. Vor einer Hausthüre stehet eine Bettelfrau.

Auf der andern Landschaft siehet man einen alten Thurm, einen Brunnen, einen Reuter und einen Bauer, der einen Esel treibt.

In diesen beyden Bildern ist eine ziemliche Haltung, die man sonst von diesem Meister eben nicht erwarten muß; da seine Gemählde insgemein ins Harte und Bunte fallen. Die Gebäude und Rudera sind von ihm allezeit gut gezeichnet; desgleichen auch Licht und Schatten. Nur in der Ausführung der Mahlerey selbst, ist er nicht jedesmahl glücklich und angenehm gewesen. Er brachte viel von der Art mit Wasserfarben zu mahlen darinn an: Und obgleich diese Art von Mahlerey, wenn man sie blos allein nimmet, viel angenehmes an sich hat: So macht sie doch einen ganz verschiedenen und nachtheiligen Effect, so bald sie auf die Art mit Oehl zu mahlen, angewendet wird. Von diesem Renier de Vries findet man sonst bey keinem Schriftsteller, als bey dem Herrn von Hagedorn (*), Nachricht. J. B. Decamps beschreibt das Leben des Johann Fredemann de Vries (**), der in Leuwarden, einer Stadt in Friesland, Ao. 1527. geboren ist.

No. 58. und No. 59.
Otmar Elliger.
Zweyer Frauenzimmer Bildnisse.
Auf Holz gemahlt, 1 Fuß hoch, und 10 Zoll breit, halbe Figuren.

Die eine von diesen Schönen hält ein nackendes Kind und einen Papagey, der in einem Vogelbauer verwahret ist; und vor der andern, die auch

---

(*) Lettre à un Amateur de la Peinture, par Mr. de Hagedorn. à Dresde, 1755. en 8vav. Pag. 14.
(**) La Vie des Peintres Flamands, par Mr. J. B. Decamps. à Paris, 1753. Tome Premier. Pag. 135.

auch ein Kind hat, stehen Früchte und eine Pastete. Beyde Gemählde sind frey und angenehm coloriret, und ohnfehlbar Entwürfe, die der Meister hernach in Lebensgröße nach der Natur gemahlet hat. Sein feuriger Geist entdeckt sich auch in diesen kleinen Stücken hell und deutlich. Johann van Gool meldet, daß er Ao. 1666. in Hamburg geboren; und 1732. gestorben sey (*).

No. 60. und No. 61.
Johann Franz Beich.
Zwo Landschaften.

Auf Leinewand gemahlt, 1 Fuß 7 Zoll hoch, und 2 Fuß 6 Zoll breit.

Die erste Landschaft ist sehr frey und mit vieler Haltung gemahlt. Was die Composition anbetrift, so hat sie Beich in dem Geschmacke des Glaubers, und mit eben dem Fleiße, den dieser arbeitsame Mann bey seinen Beschäftigungen anwendete, ausgedruckt. Faistenberger hat auch oft den flüchtigen Geschmack zu seiner Nachahmung gewählet.

In der anderen hat der Meister die Abendröthe in ihrer ganzen Pracht, reizend und mit vieler Anmuth vorgestellt. Die Figuren darinn sind vom Poußin entlehnet. Beich muß ein großer Liebhaber von hohen Gebürgen gewesen seyn: Denn man siehet diese fast in allen seinen Gemählden.

Er

(*) Johann von Gool. Zweyter Band. Seite 244.

Er folgte hierinn der Spur des Salvator Rosa mit rauchem Pinsel und verständiger Anordnung. Sein Genie war lebhaft und erfindungsvoll; und seine Fertigkeit im Mahlen männlich und gros. Man siehet von diesem Beich sehr selten fleißig ausgemählte Stücke. Die Herren Bilderhändler sind im Stande seine Landschaften, vor Gemählde vom Glauber und Huysmann zu verkaufen; aber nur an denen, die noch Lehrlinge in der richtigen Kenntniß und Beurtheilung der verschiedenen Geschmacksarten sind.

Außer dem Herrn von Hagedorn (*) ist niemand, der vom Beich einige Nachricht giebt. Er ist Ao. 1665. in Schwaben, und zwar in der freyen Reichsstadt Ravensburg geboren. Sein Vater war eher ein berühmter Geometer, als ein großer Mahler; jedoch mahlte er bisweilen zu seinem Vergnügen. Er gab auch seinem Sohne im Zeichnen einigen Unterricht. Dieser fing in kurzer Zeit selbst zu mahlen an; und ward hierauf nach München in Bayern am Hofe berufen; wo er alle Schlachten, die der Churfürst Maximilian Emanuel in Ungarn geliefert hatte, vorstellen mußte. Als der Churfürst bey Gelegenheit des letzten spanischen Succeßionskrieges, von seinen Ländern abwesend war: So nahm sich Beich die Erlaubniß, die er sich vielleicht schon lange gewünschet hatte, nach Italien zu reisen. Hier genoß er in Neapolis viel Freundschaft und Ehre, von dem weltbekannten

So=

(*) 1. Lettre à un Amateur de la Peinture. à Dresde, 1755. in 8vo. Pag. 231.

2. Bibliothek der schönen Wissenschaften und der freyen Künste. Zweyter Band, zweytes Stück. Leipzig, 1758 in 8.v. Seite 133.

3. Betrachtungen über die Mahlerey. Seite 289.

Solimene, der ihn und seine Landschaften sehr hochschätzte. München war auch der Ort, wo er den 16ten October des 1748sten Jahres seinen Geist aufgab. In den letzten Jahren seines Lebens verlohr er das Gehör, und bald darauf auch das Gesicht. Er hat verschiedene Sachen, in dem Geschmacke des berühmten Salvator Rosa, in Kupfer geätzet. In dem Lustschlosse Schleusheim, ohnweit München, sind einige sehr große und schöne Gemählde von ihm, zu sehen. Domenici erwehnet dieses Künstlers, besonders in der Lebensbeschreibung des Franz Solimene (*). Es ist dis als ein seltenes Beyspiel anzusehen; denn man findet nicht oft, daß ein italiänischer Schriftsteller eines auswärtigen Künstlers gedenket. Der Criticus mag nun hievon die Ursachen hersagen. Ich getraue es mir nicht, die Bewegungsgründe eines Betragens, das eine ganze Nation an sich hat, zu bestimmen.

No. 62.
Sperling.
Die Liebe zwischen zwoen Frauenzimmer.
Auf Kupfer gemahlt, 10 Zoll hoch, und 1 Fuß breit.

So reich auch dieser Gegenstand am Nachdenken und schönen Einkleidungen ist; so wenig hat doch der Mahler dabey gedacht. Man siehet wei=

(*) Vite di Pittori, Scultori, ed Architetti Napolitani. Scritte da Bernardo de Domenici Napolitano. In Napoli, 1742. in 4to. Tomo Terzo. Pag. 618. & 619.

weiter nichts als zwo Frauenzimmer auf einem Bette sitzen, welche die Liebe so, wie sie sich die Mahler vorzustellen pflegen mit verbundenen Augen zwischen sich haben. Ein Liebesgott schleichet sich lauschend zu ihnen, und ein anderer wirft einen Pfeil auf sie.

No. 63.
Ein Jüngling und ein Mädchen.
Der Gefehrte zum vorigen Gemählde.

In Gesellschaft dreyer Liebesgötter, ist ein verliebter Jüngling im Begrif, ein junges liegendes Mädchen mit voller Zärtlichkeit zu umarmen. Der Hintergrund stellet eine Landschaft vor. Der Himmel wird schon ganz finster, und man bemerket nur noch einige Blicke von der Abendröhte am Horizonte. Fleiß und Feinheit in der Ausführung sind genug in diesen beyden Stücken beobachtet.

Sperling ist ein arbeitsamer Schüler des Chevalier Adrian van der Werff gewesen. Da er sahe, daß sein Genie zur Erfindung nicht groß und fruchtbar genug sey; und er folglich sich in diesem Fache nicht den Beyfall der Welt erwerben würde; so suchte er unermüdet und mit einem außerordentlich großen Fleiße ein guter Nachahmer zu werden, welches ihm auch glücklich gelungen ist. Er hat fast alle Gemählde des van der Werff copiret: Und diejenigen Liebhaber der Mahlerey, welche von diesem Meister nichts haben können, befriedigen sich mit den Copien des
Sper-

Sperlings. So nutzbar kann eine regelmäßige Copie seyn. Peter van der Werff hat auch viele Gemählde nach seines Bruders Werken copiret, die aber der Chevalier Werff fast allezeit selbst übermahlet hat; daher sie denn auch überall einen großen Beyfall fanden; und für einen hohen Preis erkaufet wurden. Sperling hatte bey seinem Copiren überhaupt mehr Vortheil, als wenn er Gemählde von seiner eigenen Erfindung verfertiget hätte. Man wird die Ursachen hievon gar leicht errathen können, wenn man bedenket, daß er, wie bereits angezeiget ist, mehr Glück in der Nachahmung, als in der Erfindung hatte. Seine Originalstücke sind daher auch nicht allgemein. Von seinen Lebensumständen hat man gar keine Nachricht. Gerard Hoet erwehnet blos seines Nahmens, und bezeuget, wie bekannt ist, daß er ein Schüler des Chevalier van der Werff gewesen sey (*).

No. 64.
Christian Ludewig Baron von Löwenstern.
Eine Badstube.

In dieser verschlossenen Stube sind einige Frauenzimmer, die sich gebadet haben. Die Figuren sind sehr artig gezeichnet; und die Haltung nebst der Austheilung des Lichts und Schattens sind auch gut. Nur das Colo-

rit

(*) Gerard Hoets Aanmerkingen op het eerste en tweede Deel des Nieuwen Schouburghs der Nederlantsche Konst-Schilders, en Schilderessen, door Johann van Gool. Gedruckt voor den Auteur in 8vo. Pag. 52.

116

rit fällt ein wenig zu starck in das Bräunlichte. In den Schlachten, die der Baron verfertiget hat, kann man diesen Fehler nicht so genau bemercken. Der Herr Carl Friedrich Werstler in Berlin, hat von ihm zwey Stück von dieser Art Vorstellungen (*). Außer diesen dreyen habe ich bis itzt nichts weiter von seiner Hand gesehen. Er ist ohnstreitig in Schlachtenmahlen stärker, wie in andern Vorstellungen: Denn die zwey unten erwehnten Gemählde sind sehr hübsch und völlig in dem Geschmacke des Bourgognione und Stoom gemahlet. Der Herr von Hagedorn giebt vom Baron von Löwenstern eine kleine Nachricht (**)

Er ist Ao. 1702. geboren, und ward nachher Hof-Cavallier am Darmstädtschen Hofe. Man weiß nicht, daß er einen Unterricht gehabt habe, und sein Genie und Trieb zur Mahlerey müssen daher ohnfehlbar die Stelle eines Lehrers bey ihm vertreten haben. Demohnerachtet hat er es so weit gebracht, daß sein Nahme von Künstlern und Liebhabern verehret wird; und er ist dieses Ruhms auch in der That würdig; da er bey seinen Wercken viel Fleiß angewendet hat, die daher auch dem Seher Vergnügen erwecken; und da er diese edele Beschäftigung allen unnützen und überflüßigen Vergnügen, zu welchen ihn sein Stand öfters verführen wollte, großmüthig vorzog, worüber er selbst eine edele Freude empfand.

No. 65.

(*) Zwey Schaarmützel, auf Leinewand gemahlt, 1 Fuß 3 Zoll hoch, und 1 Fuß breit. In diesen beyden Stücken herrscht viel Genie und Wahrheit; und sie sind mit vieler Freyheit vorgestellet.

(**) Lettre à un Amateur de la Peinture, par Mr. de Hagedorn. À Dresde, 1755. Pag. 194.

No. 65.
Christian Willhelm Ernst Dieterich.
Ein Hirtenstück.

Auf Leinewand gemahlt, 1 Fuß hoch, und 1 Fuß 6 Zoll breit.

Der schmeichelnde Pinsel des **Dieterichs**, in dessen jedem Zuge eine Meisterhand steckt, ist freylich nur allein fähig uns immer neue Schönheiten in seiner Kunst vorzustellen. Mit welcher lieblichen Anmuth und stolzen siegenden Reize hat er abermahls dieses Stück gezieret! Der erste Blick davon gewähret schon ein süßes Vergnügen; wie stark, wie rührend und entzückend muß es aber dann seyn, wenn man mit Ueberlegung die meisterlichen Ausschmückungen desselben betrachtet. Die Berge und überhaupt die ganze Gegend sind mit bewundernswürdiger Vollkommenheit, sehr natürlich und schön vorgestellet. Man entdecket einen Weg, in welchen eine Hirtinn ihre Heerde treibet; eine kleine Fläche auf welcher einige junge reizende Schäferinnen, um welche einige Schafe liegen, ruhen, wovon die eine tanzet; und endlich einen auf der Erde sitzenden Hirten, der auf die Flöte spielet. Die Haltung, das Colorit und die Zeichnung, in welcher etwas vom Geschmack des **Gerard de Lairesse** herrschet, sind unvergleichlich schön.

Wolte man diesem Stücke einen allgemeinen gegründeten Beyfall streitig machen; so könnte man vielleicht die Stellung der einen Schäferinn, die über ihre Achsel wegsiehet, ein wenig zu frey, aber keinesweges unnatürlich nennen, wie sich gleichwol einige auszudrucken, erdreistet haben. Man darf nur wenige Einsicht in der Zeichnung, die nach dem Leben geschieht, haben, und die natürliche Beschaffenheiten, Gewohnheiten, Verhältnisse und Sitten der Menschen kennen, oder kurz zu sagen, man darf sie nur so nehmen wie sie sind, um von dem Irrthume, daß die Stellung dieser Schäferinn unnatürlich sey, abzustehen. Sind nicht die Wendungen eines jungen Mädchens, das ohne Einpressungen, ohne verhüllten Kleidern, ohne Zwang, frey und munter lebt, gar sehr von den Wendungen der eingekerkerten und vermummten Frauenzimmer verschieden? Jene geschehen nach den Empfindungen des Herzens, diese nach denen strengen Gesetzen der Mode. Was Wunder, wenn die ersteren daher auch viel freyer als die letzteren sind. Und wird nun Dieterichs Figur unnatürlich seyn, da sie eine Schäferinn vorstellet, die zu keiner gezwungenen Stellung erzogen wird? Raphael und Parmeggianino haben auch oft dergleichen freye Stellungen in ihren Gemählden angebracht, wie man in ihren schönen Kupferstichen deutlich sehen kann. Es bleibt also ohnstreitig gewiß, daß Dieterich hier keine unnatürliche, sondern nur eine etwas zu freye Figur gezeichnet habe. Die übrigen Vollkommenheiten aber, womit dieses Bild den Beyfall der Kenner nach sich zieht, verdunkeln völlig diesen kleinen Fehler. Der Effect der untergehenden Sonne, den man am Horizonte erblicket, giebt dem ganzen Stücke einen ausnehmenden Glanz. Er hat es Ae. 1761. verfertiget. Werke vom Dieterich sind immer Zierden eines Cabinets; denn in dem Geschmack und der Art zu mahlen, die er angenommen, bleibt er immer der Meister aller übrigen Mahler, die ihm auch selbsten, wenn sie vernünftig denken, diesen Vorzug einräumen werden. Seine Gemählde werden daher

her auch an allen Orten, wo nur der gute Geschmack verehret wird, sehr hochgeschätzt.

Guarienti und der Herr von Hagedorn haben von diesem vortreflichen Meister Nachricht gegeben (*); und in meiner Beschreibung des Cabinets vom Herrn Cimbke (**) findet man auch einige Anzeige von seinen Lebensumständen. Er ist den 30sten October Ao. 1712. geboren und hält sich anitzt in Sachsen auf. Man hat auch einige Kupferstiche von ihm, die er zu seinem Vergnügen gerissen hat.

No. 66.
Ludewig Dorigny.
Die Marter des heiligen Lorenzius.

Ganze Figuren, auf Leinwand gemahlt, 3 Fuß hoch, und 3 Fuß 3 Zoll breit.

Der Anblick dieses Gemähldes ist sehr rührend. Das angenehme klare und helle Colorit, würde schon an sich selbst dem Seher Vergnügen ver-

---

(*) 1. *Abecedario Pittorico*, dell' *Guarienti*. Pag. 171.

2. Lettre à un Amateur de la Peinture, par Mr. Hagedorn. Pag. 300.

(**) Beschreibung derjenigen Sammlung verschiedener Original-Gemählde von italiänischen, holländischen, französischen und deutschen Meistern, welche das Cabinet ausmachen vom Herrn Johann Gustav Cimbke. Berlin, 1753. in 4to. Seite 60.

verschaffen, wenn er auch nicht mehrere Vorwürfe zu demselben fände. Allein sollte er nicht durch die verschiedenen Leidenschaften, welche Dorigny in den vielen Gesichtern ausnehmend schön auszudrücken gewußt hat; sollte er nicht durch die freye und reiche Composition; durch die meisterliche Ausführung der Zeichnung; durch die schöne übereinstimmige Haltung, die in diesem vortreflichen Gemählde herrschen, in freudiger Bewunderung gesetzet werden können? Wie viel Genie, wie viel Kunst und lebhafte Einbildungskraft müssen vereint zusammen seyn, wenn ein Mahler dergleichen Vorstellungen schön ausarbeiten will! Dorigny, einer der besten Meister in der französischen Schule, hat sich durch dieses Gemählde in dieser großen Vollkommenheit gezeiget: Und wer wird nun daran zweifeln, daß es würdig sey die schönste Gallerie zu zieren?

Können überhaupt die vertreflichen Werke der Mahlerey und der Poesie, das Andenken ihrer Meister verewigen: So hat Ludewig Dorigny ohne Widerspruch dis glänzende Verdienst. Sein Vater war Professor der Mahleracademie in Paris; und seine Mutter eine Tochter des berühmten Simon Vouet, von der er Ao. 1654. in Paris geboren ward. Fleiß und Trieb, die er in der Mahlerey von sich blicken ließ, verschaften ihm die größesten Vortheile in seiner Kunst. Des lehrreichen Unterrichts seines Vaters genoß er nur kurze Zeit; da er ihn im zehnten Jahre seines Alters verlohr. Er suchte diesen Verlust dadurch zu ersetzen, daß er sich in die Schule des le Brün begab. Hier lernte er vorzüglich die guten Vorstellungen der Allegorien, der Fabeln, der Historien, und mit einem Worte, gute Compositionen, wobey er unermüdeten Eifer zeigete. In seinem

nem siebzehnten Jahre war er hierinn so weit, daß es ihm gar nicht mehr schwer fiel, eine Geschichte lebhaft vorzustellen. Er arbeitete nun um den Preis, in der Academie der Mahler, zu erhalten und erhielt auch den zweyten. Da er aber den ersten verdient zu haben glaubte, so hielt er es sich für eine Schande den zweyten von der Academie anzunehmen, und gab also das goldene Schaustück wieder zurück. Hierdurch verlohr er den Vortheil, daß er nicht unter der Anzahl derjenigen benennet wurde, die nach Rom reisen sollten.

Jedoch diese widrige Begebenheit, war sie ihm gleich sehr empfindlich, so hemmete sie doch keinesweges sein großes Verlangen, Italien zu sehen. Er reisete bald hernach mit einem Goldschmidte **de Launy**, der über die Stempel der Gedächtnißmünzen die Aufsicht hatte, dorthin; und diese beyden lebten einige Jahre durch in vertraulicher Freundschaft zusammen, beschäftigten sich mit Zeichnen und suchten sich überhaupt vollkommener zu machen. Dorigny hielt sich vier Jahre in Rom auf, und copirete dort die schönsten Werke der Mahlerey. Durch diese Arbeit sammlete er sich die herrlichsten Vortheile und fing an Gemählde von seiner eigenen Erfindung zu verfertigen, wobey er doch immer die gesehenen Schönheiten der Kunst im Gedächtniß hatte, um vielleicht einem oder dem anderen großen Meister ähnlich zu werden. Eine schöne Nacheiferung, die, wenn sie ohne unedle Absichten geschieht, eine der besten Handlungen der Menschen ist.

Ao. 1677. reisete **Dorigny** nach Livorno, und von da nach Venedig, wo er sich mit einer Goldschmidtstochter verheyrahtete. Es waren mehr

Q.   wie

wie zehn Jahre verflossen, daß er die schönen Kunstsachen in den Kirchen und Pallästen untersucht und bewundert hatte, wobey er denn noch verschiedene sehr schöne Gemählde für Kirchen und Klöster verfertigte, wodurch er sich sehr hervorthat und Reichthum und Ehre erwarb. Sein jüngster Bruder Nicolas Dorigny, der sich lange in Rom aufgehalten hatte, besuchte ihn hier in Venedig. Er lebte mit ihm in den brüderlichsten Umgang, vertraut, liebreich, uneigennützig, ohne Zank und ohne Neid, so, wie der Umgang der Brüder billig seyn muß, der aber in unsern Tagen leyder! fast eine Schule der feindseligen Gesinnungen geworden ist. Herr de Piles, der um diese Zeit bey dem französischen Abgesandten Herrn Amelot Gesandschaftssecretär war, versüßte die Tage dieser beyden Brüder, durch seine freundschaftliche und gefällige Gesellschaft.

So großer Ehre nun auch Ludewig Dorigny genoß, und so vielen Reichthum er sich auch sammlen konnte; so war ihm doch die Maske der Heucheley und Schmeicheley, die er in dem Umgange mit dem Adel und Großen des Landes, öfters aus politischen Ursachen anzunehmen, verbunden war, so unerträglich, denn der ehrliche Mann fühlt doch immer, mitten unter den Ehrenbezeugungen der Angesehenen in der Welt, die Lasten, die ihn centnerschwer drücken, sobald er, um seinen Fall nicht zu befördern, mit der Miene der Verstellung erscheinen muß, so unerträglich, sage ich, war Dorigny diese Maske, daß er den Entschluß faßte, sich nach Verona zu begeben. Er ließ sich hier auch einige Zeitlang nieder und verfertigte viele schöne Stücke. Da er in Italien von einem Orte zum andern gleichsam

berum

berufen, und die übrigen Länder aus seinem eigenen Antriebe durchreisete: So wird man auch wenig Städte finden, die nichts von seiner Hand aufzuweisen hätten.

Ao. 1704. trat Dorigny eine Reise nach Paris an, um seine Anverwandten zu besuchen. Er hielt sich über ein Jahr bey ihnen auf, und hofte ein Mitglied der Academie zu werden. Allein der scheele Neid und die aufgebrachte Rache seiner Feinde, ließen ihm nicht seinen Wunsch erfüllet sehen; daher er Ao. 1706. wieder nach Italien zurückkehrete und den berühmten Solimene in Neapolis besuchte. Dieser Mann, den sein fürstenmäßiger Aufwand gar kein kleines, stolzes und unedles Herz geben konnte, nahm Dorigny freundschaftlich auf, und gab ihm sogleich zween seiner besten Schüler, die ihm alle merkwürdige Gemählde und auch die, von ihrem Lehrer, zeigen mußten, worüber Dorigny in großer Verwunderung gesetzet ward. Nach einem kurzen Aufenthalte wendete er sich wieder nach Verona, wo er denn auch mit vielen Vergnügen und Ehrenbezeugungen aufgenommen, und als ein Mitglied der Academie eingeschrieben ward.

Ao. 1711. verlangte ihn der Prinz Eugen von Savoyen nach Wien. Er reisete hin, und verfertigte für diesen Herrn und andern dortigen Liebhabern der Mahlerey verschiedene Stücke, mit dem größesten Beyfalle. Dorigny fiel es überhaupt gar nicht schwer, die allergrößesten Werke zu componiren. In seinen Deckenstücken hat er insbesondere gezeiget, daß er die Verkürzungen der Figuren gründlich verstanden habe; und seine Ausführung ist allezeit sehr angenehm, geist- und verstandvoll. Er endigte endlich

Ao. 1742. in Verona sein schätzbares Leben. Dargenville hat es beschrieben und auch einige seiner Gemählde beurtheilet (*). In der Beschreibung der Werke, die in der Stadt Verona sind, wird man auch einige von diesem Meister beschrieben finden (**).

(*) Supplement à L'abregé de la Vie des plus Fameux Peintres, par Mr. D'argenville. Pag. 313.

(**) Ricreazione Pittorica ossia Notizia universale, delle Pitture nelle chiese, é Luoghi Publici della Citta, é Diocese di Verona. In Verona, 1720. in 12mo. Parte Prima, Pag. 22. 38. 97. 103. und 128.

Anzeige

der in diesem Buche befindlichen Meistern, nach alphabetischer Ordnung.

B.

	Pag.	No.
Beich, Johann Franz	111	60. 61.
Berettoni, Nicolas	13	15.
Both, Andreas	66	26.
Both, Johann	68	27.
Breugel, Johann	31	13. 14.
Buck, J. A.	97	47.

C.

Compe, Johann insgemein Ten Compe genannt.	105	52. 53.

D.

Dieterich, Christian Wilhelm Ernst	117	65.
Dorigny, Ludewig	119	66.
Dullaert, Heymann	92	44.
Dusart, Cornelius	103	51.
Dyk, Anton van	40	19. 20.

	Pag.	No.

E.
Elliger, Otmar — 110 — 58. 59.

F.
Fargues — 107 — 54. 55.

G.
Graat, Bernhard — 81 — 40.

H.
Saensbergen, Johann van — 76 — 34.
Hondekoeter, Melchior — 88 — 43.

L.
Leyden, Lucas van — 24 — 10.
Lievens, Johann — 49 — 21.
Löwenstern, Christian Ludewig, Baron von — 115 — 64.
Lucatelli, Peter — 11 — 3. 4.
Lys, Johann van der — 78 — 35. 36.

M.
Mola, Peter Franz — 9 — 2.
Molenaer, Cornelius — 38 — 16. 17. 18.
Moor, Carl de — 99 — 48.
Moucheron, Friederich — 84 — 41.

	Pag.	No.
P.		
Pynacker, Adam	71	29.
R.		
Ricci, Sebastian	15	6.
Rocco, Michael genannt Parmeggianino	17	7.
Romeyn, Wilhelm	73	31.
Rosa, Salvator	1	1.
Ruisch, Rachel	102	49. 50.
S.		
Savery, Rolant	27	11.
Savery, Johann	30	12.
Sperling	113	62. 63.
Sibrechts, Johann	74	32. 33.
Steen, Johann	94	45. 46.
T.		
Teniers, David	60	24.
Tiepolo, Johann Babtiste	18	8.
U.		
Uden, Lucas van	34	15.

V.

	Pag.	No.

V.

| Vertange, Daniel | = | = | = | 79 | — | 37. 38. 39. |
| Vries, Renier de | = | = | 109 | — | 56. 57. |

W.

Weerendael, Nicolas van	=	65	—	25.
Witt, Emanuel de	=	=	53	—	23.
Wouwermann, Peter	=	=	72	—	30.
Wyck, Thomas	=	=	69	—	28.

Z.

| Zigmarolli, M. | = | = | = | 21 | — | 9. |

www.ingramcontent.com/pod-product-compliance
Lightning Source LLC
Chambersburg PA
CBHW020100170426
43199CB00009B/348